■ 日本農業の動き ■　No.212

東日本大震災10年
改めて「復興」を問う

農政ジャーナリストの会

目次

農業気象台

○…「ややあ、こんばんは」退陣する菅総理が官房長官だったとき、一度だけ宴席で一緒になったことがある。ある政治家を囲んで飲んでいたときに突然、襖をあけて現れたのである。安倍長期政権を支える官房長官の突然のお出ましである。座が大いに盛り上がったことは言うまでもない。お酒も飲まないのにニコニコと周りに笑顔を振りまき、聞き上手のサービス精神満点の政治家。それが菅官房長官の印象だった。

　ところが、総理になった途端、常に不機嫌で生気のない顔を見せてきた。この人は良きにせよ悪しきにせよ本来は、縁の下の力持ちでこそ力を発揮する人だったのだろう。官房長官として安倍政権を支えた凄腕の仕事師だったが、総理として全面に出てきた途端に、その輝きを失った。

○…地方に思い入れがあったのは間違いない。政権発足当時は集団就職で秋田から上京した苦労人であることを盛んにアピールしていたし、総務相時代にはふるさと納税を発案し、地方の税収増加に大いに貢献した。安倍政権時代に打ち出した地方創生はそのものズバリで、農業改革もその延長線にあるものだろう。地方に人が定住するためにはそこに仕事があることが重要で、農業は地方では主力産業だ。

　そして政策を実現するために、豪腕と言われるその力を遺憾なく発揮した。

　農政では官邸に農林水産業・地域の活力創造本部を作り、以後の農政は規制改革会議や産業競争力会議での議論をもとに推進。自民党農林部会や農水省の審議会は蹴散らかされ、創造プランをなぞるだけの存在に格下げされた。そこで打ち出されたのが、輸出目標一兆円であり、六次産業化、農協改革である。

○…関係者の多い農林関係は、各方面の声を聞いてはなかなか進まない。時には上からの英断も必要なのだろう。当初批判の多かった農産物輸出だが、目標に到達しなかったとは言え、コロナ禍でもその額は伸び、日本農業の収益を支える一つに成長しようとしている。

　また所得が増えてきたことで農業を目指す若者も増えてきたし、農協が自己改革に取り組んだことで、風通しはずっと良くなった。

ただ、官邸主導の進め方には批判もつきまとった。特に人事を使って官僚を動かすやり方についてである。自らに近い官僚は厚遇し、反抗した官僚は躊躇なく首をすげ替えた。組織人にとってこれは堪らない。結局、誰も総理に耳の痛いことを言わなくなった。そもそも政治家は言葉で人を動かすもので、人事で動かすものではない。人事に説明は不要！　では、尊敬は得られない。

残念ながら菅総理には、言葉で人を動かす重要性と謙虚さ、その理解が欠けていたと言わざるを得ない。

○…さて、その菅総理の後任として九月末、岸田文雄氏が第二七代自民党総裁に選ばれた。菅総理が立候補を見送ったことで、総裁選は河野太郎など四氏が激しく競い合い、近年まれに見る激戦となった。結局選挙は決選投票にもつれ込み、岸田氏が二五七票と全体の六割を得て、その座を射止めた。一〇月三一日衆議院選挙で、自民党は岸田総理の下で戦うことになる。

岸田氏がどんな農業観を持っているのか、実はよく分からない。総裁選時には「新自由主義からの転換」を掲げていたので、これまでの路線を転換するのかもしれない。実際、総裁選の最中にコメ問題を取り上げ「備蓄を増やす」としたのにはびっくりした。熟慮した発言とはとても思えないが、今後衆院選に向けて、どのような政策を打ち出してくるかは注目だ。

一方で、立憲民主党は公約を前倒しでうち出し、戸別所得保障の復活を掲げている。一〇年以上も前の政策を今更出してくるセンスはどうかと思うが、いたって本気のようである。いずれにせよ衆議院選挙を前に、今後各党の政策作りが本格化する。

日本農業のアキレス腱は、言うまでもなく担い手の圧倒的な不足である。生産力を維持するためにも農地集約による生産性向上や、スマート農業などによる職場環境の改善が欠かせない。世界の食料生産が不安定化する中で日本に残された時間はそう多くない。迷走しない農業政策論議を期待したい。（お）

農業気象台

特集：東日本大震災一〇年改めて「復興」を問う

災害多発時代の日本、東北被災三県に学びたい

会員　行友　弥

東日本大震災と福島第一原子力発電所事故から今年三月で一〇年が経過した。死者・行方不明者合わせて二万人以上の犠牲を出した巨大津波、そして最多時一六万人超が避難した放射能汚染は、日本の災害史上最大級の惨事だ。「東北の復興なくして日本の再生なし」というスローガンの下、政府が一〇年間（集中復興期間と復興・創生期間の各五年）に総額三一兆円もの復興予算を投じたのは当然だろう。

しかし、ハード面の社会資本や産業基盤の整備が進んでも、安らぎや幸福感のある暮らしを取り戻せない被災者、にぎわいを回復できない地域はまだ多い。そして、全国的には被災地をめぐる記憶と関心が薄れ、風化が進んでいる。

もちろん、時とともに関心が低下していくこと自体は仕方がない。東日本大震災後も大規模な自然災害が相次ぎ、毎年のように新たな「被災地」が生まれている。災害の規模は違っても、被災者一人一人の苦悩と悲しみに軽重は付けられない。

原発事故で全村避難を余儀なくされた福島県飯舘村の菅野典雄村長（当時）は数年前、ある会合で「いつまでも『私たちのことを忘れないで』とは言えない」と話した。福島県浪江町でトルコギキョウなどを生産する川村博さんも、昨年訪ねた際には「福島のことを忘れてもらって構わない。もう『復興』という言葉を使って、いろいろなことをする時期は過ぎた。日常を取り戻さなければならない。その節目が一〇年だ」と、自らに言い聞かせるように語った。その潔い決意に、筆者は胸を打たれた。

しかし、そう言われたからといって安易に忘れるわけにはいかない。災害が多発する今の日本だからこそ、その体験を共有する意義はむしろ増している。新たな災害への備えだけではない。もともと人口減少や高齢化、農林水産業の衰退といった構造的な問題を抱えていた東北の復興過程には、災害の有無にかかわらず、同じ課題に直面する地域の未来を考えるヒントが埋まっている。

ハード面の整備はほぼ完了

被災地の状況は、近未来の日本社会をあぶり出す。人口増加と経済成長の時代が去り「縮小」と

「成熟」をキーワードとした国づくりが問われる今だからこそ、この一〇年間に学ぶ姿勢が必要だろう。

復興予算三二兆円の内訳を概観しておく。全体の四割を占める一三兆三〇〇〇億円は、住宅整備、道路や防潮堤の建設といったインフラ整備に充てられた。沿岸の土地の「かさ上げ」（盛り土をして津波に強い街をつくる）や高台移転などの事業もここに含まれる。

山を切り開いて宅地を造成し、そこから出た土砂で海辺の市街地をかさ上げする――といった大がかりな土木事業がこの一〇年、津波被災地の多くで展開されてきた。岩手県陸前高田市では数年前まで、山から沿岸へ土砂を運ぶベルトコンベアーが「空中回廊」のように張り巡らされ、その景色はＳＦ映画に登場する未来都市をほうふつとさせた。

賛否が分かれた巨大防潮堤（最高一五・五メートル）も岩手・宮城・福島三県で総延長四〇〇キロ近く築かれ、その総事業費は一兆四〇〇〇億円に上る。四兆四〇〇〇億円の「産業と生業の再生」は、農地・水利施設をはじめとする農業の生産基盤、漁港や水産流通加工施設の整備が中心で、やはりハード事業が多くを占める。

福島県を対象とする「原発事故からの復興」には、二兆三〇〇〇億円が計上された。これも住民の帰還を促すための住宅や学校などハード整備が中心だ。

ちなみに福島第一原発の廃炉・除染・廃棄物処理・損害賠償などの費用は東京電力が負担する建

前になっているため、上記金額には含まれない。東京新聞（三月二三日付ウェブ版）によると、その金額は一〇年間で計一三兆三〇〇〇億円。政府は最終的に二一兆五〇〇〇億円を見込むが、廃炉作業の難航などで、さらに膨らみそうだ。「東電の負担」といっても、結局は電気料金などを通じて国民が払う。

復興庁によると、昨年末時点で民間用の宅地造成は一万八〇〇〇戸分、災害公営住宅（復興住宅）は三万戸となり、いずれも一〇〇％に達した。津波被災農地は三県で計二万五三〇〇ヘクタルだが、今年三月末までに一万七七三〇ヘクタルが復旧した。復旧率は単純計算で八六％だが、農業以外の用途に転用される一七九〇ヘクタルを除けば九五％になる。

ただし、原発事故で避難指示が続く区域の農地復旧は未着手だ。復興庁は農地復旧について「二〇年度末で完了見込み」としているものの、避難指示区域の扱いは判然としない。

いずれにせよ福島の帰還困難区域を除けば、ハードの復興はほぼ「完成段階」にある。単なる原型復旧ではなく「津波に強いまちづくり」や農地の大区画化など、機能の向上も図られた。いわゆる「創造的復興」である。

すれ違う被災者のニーズと行政

しかし、立派なハードが作られても、問題はそれを誰が、どう使うかである。

たとえば膨大な予算を投じて「かさ上げ」した土地に住民が戻らず、多くが未利用地になっている実態がある。

河北新報（四月三日付ウェブ版、データは復興庁）によると、被災三県の土地区画整理事業で造成された「かさ上げ地」の三割以上が利用されず、防災集団移転促進事業の跡地も約三割に活用の見込みがないという。人が戻らなければ商店や医療・福祉施設、公共交通などの採算が成り立たない。そして、それらのサービスが再開されないので住民も戻って来ないという悪循環がある。

こうしたミスマッチが生じたのは、事業が長期化する間に被災者が別の土地に生活基盤を築いてしまったからだ。帰還や生業再開の意思把握が不十分だった部分もある。関係自治体にしてみれば「国への事業申請には締め切りがあり、丁寧な意向確認や合意形成を進める余裕はなかった」という言い分もあろう。大規模な災害復興が抱える、宿命的なジレンマといえるかも知れない。

また、こうした事業の大半が事実上の「全額国費負担」で進められたことも一因と指摘される。「復興・創生期間」に入った一六年度以降は地元負担が一部導入されたものの、当初は地元自治体や被災者の負担はゼロだった。自治体としては、被災前から地域の衰退に悩んできたこともあり「ピンチをチャンスに変える」ことへの期待もあったのではないか。

問題は利用率の低さだけではない。建設時は全額国費でも、完成後の維持管理費は自治体が（間接的には地元住民も）負担する。読売新聞（三月一一日付）の試算によると、高台移転事業を実施した被災三県の自治体では、道路や上下水道の維持費が年間で総額一三一億円も増加し、被災前の一・五倍に膨張するという。人口減少や地域経済の低迷で税収が減る中、そのコストをどう担っていくかが重い課題となる。

民間の事業者を支援する補助金にも同様の問題がある。復興交付金や「グループ補助金」などで大規模な生産設備を整備したものの、販売額の大幅な落ち込みで稼働率が低迷し、経営に行き詰まった事例は少なくない。毎日新聞（一月二八日付）の独自集計によると、グループ補助金を受け取った福島、岩手、宮城三県の延べ九九四一事業者のうち九二事業者が昨年末までに倒産した。

復興交付金や福島再生加速化交付金を使った農業関連事業の場合、市町村がハウスや農業機械などの生産設備を取得し、農業者ら（基本的には組織経営体）に無償リースする方法が取られた。リース期間が過ぎれば（帳簿上の価値はゼロになるため）対象物件は事業者の所有物になるが、維持管理や更新（再取得）の費用は事業者が自ら拠出しなければいけない。産業再生は「モノ」や「カネ」を配るだけでなく、経営指導などソフト面の伴走支援（ハンズオン支援）も重要だが、その面が十分だったかが問われそうだ。

被災者の孤立とコミュニティー喪失

この点で参考になるのは、農政ジャーナリストの会の研究会（三月八日）で報告された宮城県石巻市の水産加工会社「山徳平塚水産」などの取り組みだ。具体的な中身は本誌掲載の詳報に譲るが「身の丈に合った規模での事業再開」「得意分野を生かした同業者間の協業」「大手企業とのマッチングによる販路開拓」など、地場産業の再生につながる多くのヒントがある。

インフラや産業基盤以上に深刻な問題は、コミュニティー（地域住民のつながり）の喪失だ。津波や原発事故で避難を強いられた住民の多くは、避難所や親類・知人宅を経て仮設住宅に身を寄せた。仮設住宅には自治体が急きょ建設した、いわゆる「プレハブ仮設」と、民間のアパート・マンションを借り上げた「みなし仮設」の二種類がある。

いずれも災害救助法に基づく入居期間は原則二年だが、阪神大震災と同様に何度も延長されてきた。時事通信（三月三日配信）によると、宮城県で仮設住宅が解消されたのは昨年四月、岩手県は今年三月。原発事故の影響が長引く福島県は今年度内の解消を目指しているが、転居先が見つからない被災者が多いとされ、さらに延びる可能性がある。

プレハブ仮設には、同じ市町村の住民がまとまって入居したため、人間関係が形成されやすく自治会も結成されるなど一定のコミュニティー機能があった。農林漁業などの生業を失い、張り合いをなくして引きこもり状態になる被災者が多い中、そのような人々をサポートする「見守り」や「声かけ」などの活動がおこなわれ、住民同士の交流サロン、手仕事のサークルなどが生まれたケースも少なくない。一方、都市部のみなし仮設（借り上げ住宅）に入居した高齢者らは、見知らぬ他人に囲まれながら慣れない都会暮らしを強いられた。

ハードは直せても、ソフトは直せない

被災地では三、四世代が同居する大家族が一般的だったが、避難をきっかけに「家族の解体」が進んだ。そもそも、仮設住宅は大家族の入居を想定していない。若手・中堅世代は買い物や通勤・通学に便利な都市部の「みなし仮設」を選び、高齢者は同郷の知り合いが多い「プレハブ仮設」に入る――という形で分散したケースが多く、それは帰還をめぐる判断にも影響した。福島の原発事故被災地を中心に「高齢者は帰還するが、若手は戻らない」という傾向が強いのは、このような背景もある。

仮設住宅で暮らしていた被災者の多くは「災害公営住宅」（復興住宅）に移った。入居先は元の居住地と無関係に抽選で決まり、プレハブ仮設のように同郷者がいるとは限らない。都会のマンションと同じ鉄筋コンクリート製で遮音性、プライバシー性の高い作りもあり、仮設のようなコミュニティー形成が難しい。朝日新聞（三月八日付、データは警察庁）によると、三県の復興住宅で二〇年までに「孤独死」したとみられる人は三四一人で、既に仮設の二七三人を上回っている。

帰還した住民の居住環境も厳しい。今年一、二月時点で福島の旧避難指示区域（一〇市町村）における居住率（住民登録者数に対する現居住者数の割合）は平均で三割強にとどまっている（時事通信ほ

か）。帰還者は高齢者に大きく偏り、農林漁業など地場産業、地域経済の担い手は乏しい。

二〇二〇年農林業センサスの地域別データによると、たとえば福島県南相馬市小高区では農家戸数が原発事故前（一〇年）の一一一五戸から七〇分の一の一六戸に激減した。販売農家ベースでも八七二戸から一五戸へと五八分の一だ。

営農再開が進んでいないわけではない。被災地では水田の大区画化などの復興事業と連動して法人組織が結成され、農地の集約が進む。しかし、草刈りや水路管理などの集落活動がおこなわれないため、規模拡大に限界があるとする法人もある。営農組織も多くは六〇代以上の中高年者が中心で、経営の持続可能性に不安がある。

ある法人の代表者は「農業を再開すれば住民の帰還が進み、地域のにぎわいが戻ると思って頑張ってきたが、現実は違った。ハードは直せても、ソフトは直せない」と語る。コミュニティーと一体的に営まれてきた「生業」が、地域社会とのつながりが薄い「産業」として再生されていく。もちろん、それは個々の農業者らの責任ではない。復興そのもののあり方の問題だ。

移住者・関係人口の獲得を掲げる政府

今年三月九日に閣議決定された復興基本方針の改定版は、今年度から二〇二五年度までを「第二期復興・創生期間」と位置づけた。五年間の事業規模を「一・六兆円」とし、津波被災地のハード整備で大きな役割を果たしてきた復興交付金は廃止されるが、復興特別会計や特別交付金などの枠組みは残る。原発事故の影響が続く福島の復興については「イノベーション」を核とした新産業の創出などをテコに「引き続き国が前面に立って取り組む」としている。

目を引くのは「移住・定住」「交流人口・関係人口」といったキーワードの多用だ。津波被災地に関する部分でも言及しているが、特に福島の原子力被災一二市町村について強調されている。住民の帰還が進まない実態を踏まえ「外から人を呼び込まないと復興が進まない」という認識が強まったのだろう。

「移住促進」の方針には「筋違いだ」との反発もある。帰還しない住民は、それぞれ切実な事情を抱えている。例えば、かつて住んでいた家はイノシシなどに荒らされ、隣人もおらず、帰っても元通りの生活ができるわけではない。避難指示が出なかった地域からの、いわゆる自主避難者（区域外避難者）は住宅などの支援を行政に打ち切られ、経済的にも困窮している人が多い。避難先の国家公務員住宅から退去を求められ、県から訴訟を起こされた人もいる。

「棄民政策」とも呼ばれる実態がある中で、当の被災者を脇に置いて移住促進とは何事か——という怒りはもっともだ。さまざまな状況にある被災者に光を当て、一人も取り残さない支援策を、もう一度考えるべきだろう。

半面、移住者や関係人口の獲得も重要な課題であることは間違いない。一七年三月末に全村避難が解かれた飯舘村（ただし帰還困難区域の南部・長泥地区を除く）では昨年、解除後の移住者が一〇〇人を超えた。「地域おこし協力隊」の隊員ら二〇～四〇代の若手も少なくない。

埼玉県から移住して花き栽培に取り組む小原健太さんもその一人だ。筆者が昨年、オンラインで話を聞いたところ、小原さんは「被災地というハンディを背負った土地だからこそ、自分のような脱サラ組にもチャンスがある。復興に貢献しようというような、大それた考えは持っていない」とドライに話した。だが、そう言いながら小原さんは地域おこし協力隊員らのイベント運営などにも協力している。

「つながり」の再構築へ向けて

被災地では、人と人、人と自然など、さまざまな「つながり」が断ち切られた。その分断を乗り越えることも復興の大きな要素だ。

残念ながらハード（公共インフラや産業基盤）の整備だけで、その課題は達成できない。もともと人口減少や高齢化が進んでいた地域なら、なおさらのことだろう。

地域の内外で新たな関係性を構築していくことが必要だ。「よそ者」の存在が刺激になって既存の住民がアクティベートされる現象は、被災地に限らず多くの過疎地域で見られる。人口は大幅に減っても「つながり」を増やすこと、それを太く、強くすることで活力の低下を食い止めることが可能になる。

公共インフラや産業基盤を再生させるのが、マイナスをゼロに戻す「足し算の復興」だとすれば、その次に求められるのは社会関係資本（人と人とのつながり）を創出し、人々の活動性を高める「掛け算の復興」だ。そのためにも東北の被災地を忘れることはできないし、この貴重な体験を日本全体で共有し、生かしていくべきだと確信する。

（ゆきとも・わたる　農林中金総合研究所特任研究員）

復興が変える日本のかたち

元復興庁事務次官
岡本　全勝

このような会にお呼びいただきまして、ありがとうございます。岡本です。よろしくお願いします。今日の話は大きく二つに分けられます。まず、この一〇年間で何ができたかを簡単にお話しします。次に、一〇年経ったところで、何が課題として残っていて、反省点は何かということを話したいと思います。

これまでも、いろいろなところで講演会に呼ばれましたが、そこでは、これだけできました、残っているのはあとこれだけです、と話してきましたが、一〇年経つと、教訓は何かということを聞かれます。主に、地震・津波についてお話して、時間があれば福島のことを話したいと思います。福島はまったく状況が違い、まだ緒に就いたばかりです。

被災者（避難者）については、当初は四七万人といわれましたが、今は四万三〇〇〇人になっています。その大半は、福島からの避難者です。福島の場合は、帰還困難区域が設定され、そこは戻れないとなっています。避難者の財物は賠償し、故郷を失うことへの損害賠償もしました。この人たちが戻るということは想定していません。例えば、避難者の定義を見直して、避難者ではあるがもう政府が財政支援する避難者ではないと定義しないと、今までのようにこれらの方が避難者だということにすると、その方たちの子や孫まで避難者になってしまいます。それはいつか整理しなければいけないと思います。

一方、岩手・宮城の避難者は、今年度中にはほぼ解消します。住宅はすでに完成していますので、あとは移っていただければ、ほとんどの人の避難状態は解決します。

民間住宅用等用宅地は一万八〇〇〇戸、災害公営住宅が三万戸できました。このほかに、自律再建をなさって、公金の対象となったのが一五万戸できました。復興道路や防潮堤が若干残っていますが、計画はできていますので、時間が経てばできると思います。

農地は発災から五年後に七四％が復旧し、水産加工施設も九割方復旧しており、残りは、帰宅困難区域です。このように、一〇年で、地震・津波区域では物理的な復旧はほとんど終わっています。

今回の復旧にあたっては、インフラ復旧だけではなく、暮らしをどう再建するかという視点に力を入れました。避難所や仮設住宅に入っておられた方の生活をどう支援するか。当初は、体育館の床にそのまま寝てもらっていましたが、今では、マットや畳を敷いて、段ボールのベッド、そしてプライバシーを守るための間仕切りも標準装備になりました。当初は、毎日、おにぎりとサンドイッチでは飽きるといわれて、そのうち、温かい味噌汁や野菜も食べられるようにし、生活環境の改善がされるようになりました。特に重要だったのが、仮設住宅での孤独死防止のための見回りです。住宅再建にあたっての瓦礫の処理は、国交省が中心になって確実に実施されました。

従来、復興にあたって、産業の再生はそれぞれの事業者の自己責任で、農業ではいろいろ手厚い措置がありましたが、商業では低利融資しかありませんでした。戦後、復旧の法律は、公共災害施設復旧法と災害救助法の二本立てできました。公共施設や役所は役所が直すけれども、あとはそれぞれご自身で、というのが、これまでの行政哲学でした。それを、今回、大きく変えました。

孤独死に気をつけなさい

私が、一〇年前にこの仕事に引っ張り出されたときは、まだ体育館に入っておられた方の生活支援と、公共インフラと公営住宅さえ復旧すれば、私の仕事は終わりだろうと簡単に思っていました。しかし、そのうち、どうもこれでは復旧しないということがわかってきました。最初私が言ったのは被災者支援本部という名前のとおり、復旧じゃなくて被災者の生活支援をするということでしたので、モノよりヒトが相手でした。おにぎりとサンドイッチだけでは飽きるということから始まり、畳がないと痛い、お風呂がない、着替えがないと言われました。さらに、仮設住宅に入ったときに言われたのが、阪神淡路大震災のときの反省から、孤独死に気をつけなさいということでした。

そこで、コミュニティの再建のために見守り作業から始めました。最初は、どうしていいかわかりませんでした。市町村役場がいちばん適当なのですが、とても手が回りません。そこで、最初に申し出てくださったのが、ボランティアのさわやか財団の堀田勉さんでした。仮設住宅をまわるので、まず、どこにどういう人が住んでいるかという個人情報が欲しいと言います。阪神淡路の頃と違って、個人情報保護条例ができていて、そうした情報は市町村役場からはとても出せません。個人情報保護法の特例は市町村の条例でできますが、そんなことは、市町村長は絶対認めません。そうしているうちに、ＮＰＯが受託しましょうということになりました。市町村役場がＮＰＯと契約して守秘義務を課し、どの住宅の何号室にはどんな人が一人で暮らしているという情報を渡すことにしました。当時、沿岸部にしっかりしたＮＰＯがなかったので、仙台や一関からも参加していただきました。

見守りとしてＮＰＯに雇われた方の多くは、その仮設住宅団地の中のお一人です。そうすると、避難者は顔見知りが来てくれることがありがたいと言います。ＮＰＯ自体は見守りをする人がいないので、人事管理といった業務をしてくれました。人を雇う場合は、できるだけ、そこに住んでいる失業した中高年の女性にお願いすることにしました。その人件費は全額国費です。われわれがおこなうのは、市町村に、こういうことができますよと言って、ＮＰＯを募集することです。これは、なかなかいいシステムだったと思います。

公営住宅の多くは四階建ですが、その中には必ず町内会を開催できる場所として集会所をつけました。そこで、新しい人たちに町内会をつくってもらわなければなりませんが、お金を出してもできません。これも、ＮＰＯに頼んで、いろいろ助言をしてもらいました。もっとも、うまくいったところと、そうでないところがあります。公営住宅棟の間に花壇を作って、一年後でもそこに花が咲いていたら、町内会の設立がうまくいっているということでした。市町村によって違いますが、市町村の非常勤職員に町内会長として委託料を支払って入ってもらう、市町村の職員が常駐する、あるいは週に何回かボランティアに来てもらうというように、いろいろな知恵を出していました。

今回は、地方の、まだ地縁の強い所でしたからこうしたことができたと思いますが、東京で大きな震災が起きたらどうするのだろうと心配になってきます。

施設に必要なのは商店の復旧

産業、生業にあたっては、最初に施設を無料提供しました。単なるプレハブですが、仮設商店をまず貸しました。仮設住宅が建ち始め、避難者が入居するようになると、商店がないということに気づきました。津波で流されたのは住宅だけではなく商店もそうでした。阪神淡路のときと違って、岩手県沿岸の街が隣町も含めてぜんぶ流されているということです。生活必需品を内陸に買いに行くには、北上高地を超えて盛岡や一関まで、バスで一時間半かかります。途中には、ほとんど住宅はありません。当初、経産省に早くコンビニを出店させてくれとお願いしたのですが、無理でした。コンビニというのは、店舗を作っただけでは成り立たず、ＰＯＳシステムで商品を管理し、補充の商品を流通拠点から配送しなければならなりません。単に箱物をつくればいいというものではなかったのです。

被災地の商店主はだいたい六〇歳を超えた人でしたので、自分の代までは続けるが、子どもは都市に出ていって帰って来ないので、もう店を閉じてもいいと、細々とやっていたものでした。そうした個人商店が流され、残ったのは借金だけです。建物が流され、土地だけになって、その土地は担保価値はゼロになりました。二重にローンを組んでまで、もう一度商店を再開しようとはなりません。阪神淡路のときは、西宮や大阪までいけば買い物はできました。しかし、ここでは、仮設住宅はできたものの、このままでは暮らせません。米も野菜も、ティッシュペーパーも何も売っていない状態でした。しばらくは支援物資でつなぎますが、これでは復旧できません。暮らすためには、商店を復旧しなくてはなりませんでした。店を閉めたいという人をどうにか支えるために、中小企業庁では、仮設の店舗を貸すのでお店を再開してくださいとしました。最初は、二年間無償で始めた仮設店舗は、それ以降ずっとすっと貸しています。

次に、工場も貸すことにしました。仮設住宅に入っている人が、みんな無職になって、することがありません。特に、六〇歳以下の働き盛りが家でゴロゴロしていてはよくありません。従って、仮設の工場をつくって再開してもらい、失業対策をしなければなりません。今コロナでやっている就業支援と同じような考え方です。グループ補助金として、施設・設備を復旧する際には四分の三という高額な補助金を出すことにしました。事業の復旧については国費では支援しないという、それまでの財務省の哲学を大転換してくれました。これがなかったら、とんでもない数の失業者が出て、おそらく、賑わいがまったく違っていたと思います。これに協力してくれたのが商工会議所でした。全国に呼び掛けて、コピー機、机、文房具、中古のパソコン、中古の工場設備などを送ってもらいましたが、その際、据え付けるところまで見届けることが条件でした。これは助かりました。

震災から三年くらい経ったとき、二つの問題が出てきました。一つは、例えば干物を売っていても以前のように売れない。かりに私がスーパーの店長だったら、三年間棚を空っぽにするわけはなく、何かで埋めなければならないと思います。この地域の主な産業は水産加工業ですが、練り製品では他産地の静岡や韓国産の製品が入ってくるでしょう。スポット契約ではなく、中長期の契約になるでしょう。それを奪い返すのは並大抵ではありません。差別化できない商品であればもっと難しいでしょう。補助金を出すのは簡単ですが、それでは補助金の切れ目が縁の切れ目になってしまいます。そこで出てきたのが、まったく関連のない民間企業からボランティア人材を求めました。

例えばこんなことをしました。まず、なぜ売れないかということを五〇分間議論します。次に、別のチームでも五〇分間同じテーマを議論します。そこで問題点がわかってくると、パッケージの問題、取引先の開拓不足などが明らかになってきます。次の段階では、専門家を入れて議論します。私も何回かこの会議に参加しましたが、最初の一〇分か一五分は会話が成り立ちませんが、そのうちにだんだん解きほぐされてきます。トヨタがカイゼンで入って、陸前高田の日本酒メーカー（酔仙）の工場ラインを少し見直してくれたら、生産性が二割上がりました。宮古の水産加工施設でも生産性が二割上がりました。ベルトコンベアを少し調整しただけだったようです。単にお金ではなくて、ヒトとノウハウの支援をどうするかが重要だったのです。

復興に大切なことは街のにぎわい

震災後からこの五年前くらいまでは、手探りでした。次に何をすればいいかを考えながら走ってきました。温かい野菜、見守り、無料施設などいろいろ課題はありましたが、最終的に、街のにぎわいを取り戻すときにはインフラだけではだめだということでした。今まではそれで来たし、阪神淡路でもそれで良かったが、重要なのは、産業・生業がない所に街は戻らない、ということです。そして、人とのつながりがない所では人は孤立するということです。

この地域は高齢者が多いですから、裏の畑でちょっとした野菜を作ったりして、三時には近所の人とお茶を飲み、月に一度は病院に行って待合室で皆とお話をして、という「かたち」で地域の人と暮らし合います。避難所に逃げ込むと、まずそこでつながりが切れます。それ以前に、ご家族や近所の人を亡くしておられる人もいます。津波はまだましかもしれません。多くの人は近所の学校に逃げ込んで、家族は一緒でした。しかし、福島はそれができなくて、なるべく遠くに逃げるしかありませんでした。

仮設住宅に入るとき、災害弱者を優先し、ご高齢の方や障がいをお持ちの方に先に入っていただきました。ここでも、地域のつながりが切れてしまいました。さらに、公設住宅ができたときも災害弱者の方をまず一階に入っていただきました。これで、せっかくできた町内会がつぶれました。東松島市ではうまくいって、市内六か所につくった仮設住宅団地を最終的に一カ所にまとめました。徹底的に議論して、町内会のお隣同士で入るようにしました。一年間に一〇〇回も町内会で準備会を開いています。働いている方が多いですから、夜の六時に市役所の会議室に集まってやっていました。これだけの手間をかけないとうまくいきません。

やはり、インフラだけではだめで、街の賑わいにはつながりが必要だということです。今回は、国土の復旧ではなくて、暮らしの再建に方向転換できたのではないかと思います。

復興にあたって、それぞれ担当者の誰もがけっして悪くしようとは思っていないにもかかわらず、足し上げたら問題が出てきてしまったということでしょう。部分最適が全体最適にならなかったということです。それはなぜだったのか。そして、今度来るであろう南海トラフ地震のとき、今回の私たちのように走りながら考えなくていいように、いったん振り返ってみて、教訓を探し出すことです。

何が足りなかったのか教訓を探し出す

そうした二点から考えて、大きく二つの反省点があります。一つは、街の賑わいがやっぱり戻っていない、人口が戻っていないこと。もう一つは、いろいろな予算が無駄だったのではないかということです。

工事が長引くほど人が戻るのが遅くなるという指摘があり、私も、当初はそう思っていましたが、今見直してみると、そうでもないことがわかってきました。岩手県沿岸一二市町村の総人口の推移を見ると、発災前から一〇年間に毎年一〇％ずつ人口が減って来ていました。そこにきて、震災で人口減少がさらに激しくなりました。長期トレンドから見ると、今回の減少はそんなに驚くほどのものではなく、二〇三一年の推計では、さらに激減するでしょう。

一方、宮城県沿岸部市町村を見ると、人口は減っていなくて、仙台市に近い所は増えていて、山本市や気仙沼市、南三陸市など、仙台から遠くなるほど人口は減っています。たしかに被害が大きかったということもありますが、仙台に近い所は人が戻っているということです。大都市仙台という就業の場と、都市的魅力があれば、人も戻るということでしょう。水産加工業は再開したのに売上が上がりませんが、同時に、魚が獲れないという二重苦に喘いでいます。

人の戻りは、インフラを復旧しただけではだめですが、産業を戻すにも限界があります。昭和の末年までは、田舎の産業を支えたのは、大きく三つです。まず、公共事業で工事関係者を支えました。それから、米を買い支えました。減反を進め、米作で兼業ができました。そしてもう一つは、組み立て型の工場です。例えばシャープやソニーの子請け・孫請けの、ハンダ付けだけをするような工場が働き場をつくってきました。この三つで、田舎の産業は成り立ち、その就業者相手の駅前の飲み屋とカラオケが流行ったのです。これが、平成、二一世紀になると、公共事業は小泉政権のときにすごく絞りました。米の買い支えは基本的にもうありません。工場は、一九九〇年代にアジアに出ていってしまってもう戻ってきません。この三つがなくなって、田舎はどうするのか。工場立地はもう効き目がなくなりました。

戻りますか、どこに戻りますか

今回の復興のあり方には、過大な投資に対する批判もあります。これには二つあります。一つは、市街地再開発をしたのに、人が戻っていないのではないかということです。典型例は陸前高田市です。われわれも、手をこまねいていたわけではなくて、あまり過大なものをつくると後で困ると思っていました。陸前高田市の市長は、最初は、人口が一二〇％になることを前提に計画をつくっていました。それは無理で、人口を維持するだけで精一杯だろうと言ったら、夢のない計画なんか作りたくないと言っていました。それでも、それが過大だということがわかってきて、国交省の職員を中心に説得に入りました。それでも、なかなか進みませんでしたが、山古志村の村長だった自民党の長島副大臣が説得してくれました。事務方からは、街並み復旧には、高台移転と嵩上げ区画整理という二つの手法があります。高台移転は山を切り開くので、簡単ですが、いい適地はそうありませんから、小さな団地をいくつかつくります。そうして、条件の悪い所から移転計画を中止していきました。これには町村長も納得して、後回しにしているうちに誰も住まなくなります。

私たちは毎年住民意向調査をして、戻りますか、戻るとしたらどこに戻りますかを聞きました。同時に、自力再建しますかそれとも公営住宅に入りますかも聞きました。最初は、自分で再建したいと考えていたが、そのうちやっぱり公営住宅でいいということになりました。しかし、街の真ん中の嵩上げはものすごく難しい。対象範囲を区切って、そこの地権者全員の同意をとって区画整理の計画をつくらなければなりません。そこに、道路や公共施設をどのように入れ込んで、各戸の減歩率もつくって工事に入ります。途中で誰かが辞めると言われても困ります。こうした問題はこれからも出てくると思います。

女川では、真ん中の市街地はコンパクトにして、かつて四つあった商店街を一つにまとめました。

高台移転はほとんどやめました。コンパクトになりましたが、人口は四割減です。岩沼市は、沿岸部の六つの集落が全部津波で流されました。議論の末、全部を内陸の畑に移すことにしました。玉浦西地区では、市街地に学校もスーパーもあり、そこに六つの集落を集めました。ここがうまくいったのは、六集落とも、漁業が縮小段階にあったからなのかもしれません。ほとんどの人たちは、仙台に通って仕事ができます。

防潮堤については、巨大な防潮堤が本当に必要なのかという批判があります。その後背地の街が小さく、農地しかないような所ではさらにいろいろな批判を受けました。しかし、誰も悪いと思ってやってはいないのです。復旧という概念と復興という概念がありますが、復旧は壊れたら直ちに元に戻すということで、戦後七〇年間つくりあげてきた復興行政のいわば完成形です。より安全にしようということで、港湾は旧運輸省の港湾局、河川堤防は旧建設省の河川局がただちに工事に入ります。二年前の千曲川の氾濫のときも、国交省がただちに堤防を直しに行きました。それでも誰も文句は言いませんでした。それなのに、なぜ、防潮堤は批判されるのか。今まで、そうしたことが問題にならなかったのは、街が元に戻って人口が横ばいになることを想定していたからです。

今回は、人口が本格的に減少している所で起きた、初めての大きな災害だったのです。人口が減っていくとはいわれていましたが、個別事業ではそんなことを言っている暇はないので、どんどん進めていきます。それでも、国交省は防潮堤に関しては見直してくれました。防潮堤は、それまで

は、それまでに起きた最大の津波を防ぐ堤防をつくるという発想でしたが、今回はそれをあきらめることにしました、千年に一度の規模の時はとにかく逃げる、百年に一度を防ごうと言うことにしました。

復旧まちづくりには時間がかかる

それでもまだ、批判があります。なぜ、街づくりと防潮堤が一緒にできなかったかというと、ここでも誰も悪い人はいません。先ほど言ったように、復旧は災害が起きると同時に部隊が入ります。今回は、財務省と会計検査院にお願いして、査定を個別にやっていると時間がかかるので、写真を撮っていくことにしました。それぐらい急いだのです。それに比べて、街づくり計画は議論を始めるのに一年かかり、議論にももう一年から二年かかります。その間に、防潮堤の建設はどんどん進んでいます。復旧予算は従来の枠組みがあるので、国交省、農水省、主計局がどんどん進めてくれます。防潮堤の建設がどんどん進んでいく間に、この街をどの程度に集約するかという議論ができて、全体の面積が見えてきます。もし、南海トラフ地震が来たときは、高知平野や和歌山県をどうするかという議論をしておかねければなりません。

もっとも、こうしたことは市町村長にはなかなかできないと思います。この集落はあきらめるなどという話はとてもできないでしょう。いわば、見たくない「不都合な真実」です。

農地の復旧をどこまでするかも課題です。優良農地ということで、田んぼをかなり復旧しました。米が余っているときに、それでいいのだろうか。また、岩手・宮城両県の漁港をあれだけ復旧する必要があったのかとも批判されましたし、特区の議論もありました。リアス式海岸の入江ごとに集落があり漁港があって、そこに漁場がある。そういう状況にある限り、漁港を復旧する必要があると思いました。漁港の背後の集落はすべて津波にのまれたので高台に別の集落をつくって移転しています。そして町の中心の学校までは車で送り迎えをし、新しい高台の集落内には商店はありません。漁業も通いにしてもらえば、住民にとってもいいのではないか。学校にも、病院にも行きやすい。漁業に従事する人には、車で漁港まで行ってもらう必要がありますが、そうした発想があってもよかったかもしれません。集落に住んでいる人は高齢ですから、二〇年後には、公営住宅もかなり空が出てくるでしょう。漁村の戸建て住宅は、漁業に就く人がいない限り、続かないでしょう。もう少し発想の転換ができたかもしれないと思っています。

イチゴ、トマト、コメなど農業復旧の現場

仙台平野では、東部高速道路で津波が止まり、そこから東側は津波に襲われ、瓦礫がいっぱい入っていました。そうした田んぼの復旧にはそれぞれの所有者の方にお願いしました。自分の田んぼなら真面目に一生懸命やってくれます。ちなみに、漁港の片付けも漁民の方にお願いしました。田

んぼを真水で流して除塩して、復旧して、営農再開にこぎつけました。整備前と整備済みを比べると一目瞭然です。優良農地ですので、これだけのことをやっても、みんな納得してくれると思います。

仙台の南側の亘理地域は、東北の湘南と呼ばれていて、イチゴ団地がありました。昔は海の底で砂地なので米が作れないのですが、イチゴには向いていました。津波が来る前は、イチゴ御殿がいくつも建っていました。イチゴハウスはほとんど国費で復旧しました。

石巻の北上川河口では田んぼをつぶして、トマトとパプリカをつくっていました。高さ六メートル横一〇〇メートル奥行き二〇〇メートルのハウスを作り、米をやめて、オランダの技術を導入しました。これは稲作から転換してうまくいっている例だと思います。

南相馬市の小鷹町は避難指示が出た所です。圃場整備をしましたが、農業をする人は戻って来ません。多くが兼業農家で六〇歳以上ですので、いまさら戻って田んぼをやるでしょうか。田んぼは国費で復旧しましたが、農業機械は全部流されました。もう一度、機械を買い揃える気にはならないでしょう。ましてや、子どもは帰ってきません。この地域に、甲賀ゆめファームという地元の農家が集まってつくった農業法人があります。仙台には、舞台ファームという農業法人があります。舞台ファームの親会社はアイリスオーヤマですが、舞台ファーム自身も、津波で大被害をうけて、アイリスオーヤマの子会社になって救ってもらいました。舞台ファームにはノウハウがあり、地元の甲賀ゆめファームと連携しています。仙台の舞台ファームがいきなり入って農地を貸してくださいって言っても、貸してくれません。そこで、農地を集めた地元の農業法人に舞台ファームが技術協力をして、アイリスグループができた米を全量買い取ります。そして、岩沼市にコンピュータ管理の大きな低温倉庫をつくってあり、そこに搬入します。田植えから肥料設計まで、すべて舞台ファームが管理しています。収穫した後の製品検査もすべて舞台ファームがやって、パックご飯に加工しています。アイリスオーヤマが強いホームセンターなどでご飯のパックを売っており、まだまだ足りないので、面積を広げたいと考えているそうです。原発被災地の双葉郡の市町村長たちも関心を示しておりますが、市町村長がまず農民から土地を借りていただくのが大事です。まず地元の人が間に入ってもらって、後から舞台ファームが入って行くという二段構えにしていく必要があります。

これは北上川の河口では、圃場整備がほぼ終わっていたところに津波が来て、地盤沈下して水没してしまいました。ここを復旧してくれました。近くにあの大川小学校があり、たくさんの方が亡くなりました。河口から四キロくらい離れていますが、その川を津波が遡ってくるとは誰も思っていませんでした。今、その先には広大な農地があります。かつては山際の道路沿いに集落がありましたが、今ではまったくなくなってお墓だけ残っています。復旧した農地は、台風が来て流されましたが、また復旧しました。再開した農地では、新たな農業生産法人が入っています。優良農地であることは間違いないのですが、これから米をつくって儲かるのでしょうか。他の園芸作物なら儲かるとは思いますが。それが私の問題提起でもあります。

（おかもと　まさかつ）

〈質　疑〉

——今回の震災では、今までのやり方では行政も対応できなくて、ＮＰＯなどの力を借りなければならなかったと思います。その面で、苦労はあったのでしょうか。

岡本　それまでは、産業再生を国がしたら、それは共産主義国だと思っていました。そこまで、お金を出すのかと。やる気のある事業者さんがいればやってくれました。それに対して、お金だけではだめで、ノウハウが大事だということに気が付きました。主体は企業とか事業主ですが、そこをわれわれが何を支援できるのかという話だと思います。行政は公費で工事を発注すればできます。それは一番簡単です。お金はたいへんですけど、ゼネコンはそれだけのノウハウを持っていますし、国交省には今まで蓄積したノウハウが、農水省にもノウハウがあり、お金があればできます。企業や事業主がやる気を出してくれれば、支援の方法はあります。

しかし、問題はコミュニティです。コミュニティはどうする。お金で町内会はできません。役場の職員が町内会をつくりますよと言ってもできません。やっぱり、住民が頑張ってもらわなくてはいけない。それをどう支援するか。これも、ＮＰＯにおんぶに抱っこでした。最初、ＮＰＯにと聞いたときには、それは役人の敵だと思っていたものでした。二〇年前、阪神淡路大震災の後、非営利活動法人ができたとき、当時の自民党は市民活動に拒否感があって、非営利と名前を変えたということです。市民運動は自民党の敵だったわけです。しかし、やってみたら、案外できるなと思って、使えるなと言ったら、彼らは、いや、私たちが岡本さんを使うんですと言いました。主体が役所だけではできません。企業も、事業主、住民も必要です。誰が支援できるかというと、行政ができるのはお金で、ノウハウはない。

今回気が付いたのは、今、いろんな所で町起こしをしていますが、この三つがない限り、いくら道路をつくっても人は取り戻せません。過疎問題が昭和三〇年代、四〇年代から言われ始めて、もう五〇年以上、今でもそれは止まりません。ここまで手を付けなかったのと、その社会通念がなくならない限り、人、仕事はなかなか戻らないだろうと思います。例えば、見守りは、どこも所管する役所がありません。最初は、厚労省かと思って厚労省に聞いたら、違いますと言われました。町内会を制度としてもっているのは自治省ですが、それは、法人格を与えているだけのことで、中身には関与しません。戦前の隣組への反省もあったようです。そこで、総務省に掛け合いました。それも、市町村役場は関与しません。これがどこまで戻るか、特に都市では難しいと思います。

――仮設住宅の被災者が集落計画をつくる、そのプロセスを専門家が見守り、アドバイスする。岩沼で実施された手法が他地域でできなかった理由は何でしょうか。

岡本　高台移転する際に、住民と市役所とほかの専門家に入ってもらいました。専門家は司会進行、ファシリテータをやってくれるＮＰＯのスタッフとまちづくりの土木建築の専門家に入ってもらいました。なぜ、岩沼だけが内陸移転に成功したかと言うと、ほかのところは、なるべく近くの高台に移ることにしました。それは、なるべく漁港や畑の近くの高台にということでした。逆に言うと、条件の悪い所のほうが移転が早く決まりました。そこしかないということでした。どの程度山を切り開いて、どのくらいの街をつくったらいいのかという議論をしました。そもそも住み慣れた所に住みたい、お墓のある所に住みたい、というのはあります。

岩沼がなぜ成功したかと言うと、たぶん、もう漁業をやっていなくて、多くの人が仙台に通勤していたからだと思われます。アメリカやヨーロッパからの視察団に説明すると、こんな大きな津波が来ている所に、また家を建てるのか、みんな、なぜ他に移らないのかと、理解してくれません。チェルノブイリを知っている人は、なぜ集団移転させないのかと言います。そのほうが安くて早くできるのではないかと言う。

恐らく、なるべく元に戻ろうというのが、この国のかたちなんでしょう。しかし、これは、アメリカの人には通用しません。ハリケーン・カトリーナで家が水に浸かったら、どこかに逃げます。ロシアや中国なら強制移転でしょう。ヨーロッパの人は、そもそもそんな危険な所には家を建てないと言います。都市計画があって、昔は城壁の中が町であって、その外は都市計画がないからインフラもつくりません。好きでそこに住む人はオウンリスクで住むということです。インドネシアは、日本のようにしたいのですができないから、元の所に同じように住んで、また津波でやられると言います。これだけお金をかけて、祖先の土地に戻ろうとする発想は、この国のかたちです。

ただし、これだけ復旧したのは今回が初めてだと思います。明治の頃の三陸津波では、国家はここまで支援せずに多くは自力再建だったと思います。戦後、日本が国力をつけ、ブルドーザが使えるようになり、国交省が力をつけたことで、可能になったのだと思います。逆にいうと、今度、南海トラフ地震が来たとき、高知平野が水浸しになったとき、どこまで元に戻すのか。今後二〇年後、三〇年後に、私たちが今回作った二万戸の住宅と三万戸の公営住宅のどのくらいが空家になっているのか。

実は、今でも空家が出ています。もっと都心の真ん中に出て来て、通いの農業や通いの漁業にできなかったのだろうかというのは反省点です。人口減少というお題目を持つだけで、個別施策に落とすだけの知恵とノウハウがありませんでした。その中間のギアもなかった。今後はそれを入れないといけません。元に戻したらダメだというのは、今日の三陸で見えると思います。その反省の上に立たなければいけないと思います。

――サプライチェーン全体を対象とするグループ補助金ですが、二〇五〇年ゼロカーボン化に向けた産業転換にも有効な手法だと思いますが。

岡本　それも、今回の反省点の一つです。いくつかの企業家から、お叱りを受けていて、われわれもおそるおそるやったわけです。グループ補助金は、その地域の主たる産業を元に戻して地域を再生しましょうということで、何でもかんでも産業復興はしませんということです。地域の主たる産業という条件を入れました。そのうち、それだけではダメだとわかって、業種が違ってもグループをつくってくれればいいとなりました。

まず戻してもらうということで、これまできましたが、何を批判されたかというと、元に戻したら時代遅れになるということでした。水産加工業の人に言われたのですが、元と同じ機械ではダメなので、新しい機械に転換したいのに、復興交付金は使えないと。その意味では、復興交付金を今後見直してもらわないといけません。復旧事業は元に戻すのが原則ですから、新しい何かを付け加えたらいけません。工業高校で旋盤などの実習機械を直したり、備品台帳にあるものを揃えるのはいいんです。ところが、今どき、手動の旋盤など使っていません。しかし、最初はダメと言われました。流された学校に宿直室がありましたが、やはり最初、文科省は元に戻さなければいけないから宿直室をつくると言っていました。元に戻すのではなくて、一〇年後、二〇年後を見た産業復興をする。そのために、どういう知恵を出すかは難しいところです。

―― 復興庁が編み出した縦割りを超える方法が、政府のコロナ対策では活かされてはいないように見えますが、その原因がどこにあるのでしょうか。

岡本　なかなか言い難い部分もあるのですが、私がなぜある程度成功したかと言うと、自分の直感でやったからかもしれません。私が途中から目指したのは、情報を全部集約してそれをつなぐ、電話交換手あるいは証券取引所の仲立ちみたいなことをしました。われわれは農業復旧プランはもっていないので、それは農水省に頼む、街の復興は国交省に頼む、だけど、ある町を復興しようとしたら、やっぱり面の計画をつくって、各省がぜんぶ参加しなければいけないので、その場づくりはわれわれがしました。市町村からすると、復興庁の職員に言えば、いちいち各役所まわらなくてもいい。われわれとしてもできる限りのことをしたいので、各省にふって、なかったら交付金をつくりましょうかということになります。ありがたいことに、財務省が財源を用意してくれ、潤沢な財源で、いろんなことができました。そういうところに、われわれの存在理由があったと思います。われわれは、東日本復興庁なので、阿蘇地震がきても、倉敷の水害のときも、われわれの所管外でした。そこでは、例えばグループ補助金をどうするかというと、各県各市町村は経済産業省に行かなければなりません。町づくり計画をすると国交省にいかなくてはなりません。窓口が一つでないと、地元は困ります。たぶんマスコミも困るし、国会も困ったと思います。

今回のコロナでは、私のような事務方の責任者は何をしなければいけないかを考えなければいけません。私は呼ばれたときに、仙谷さんに「私は何をするんですか」と聞いたら、「それを考えるのが君の仕事だ」と言われました。でも、何をしていいかがわからない。最初は、食料を届ける、棺桶を届ける、医薬品を届ける、から始まって、マットが欲しい、プライバシーが必要、その次は、仮設住宅はどうなるんだと言われ、その都度考えて、その担当者をおいて、それぞれのプロに何をしたらいいかを考えてもらいました。厚労省からは鈴木俊彦さんに医療関係を一手にやってもらいました。これらの人たちをどうつないでいくか。われわれは事務局とともに、大臣級の会議にも出ました。この会議を毎日、一一時から始めるために、朝の九時に集まって、事務方として議論を整理し、一一時の会議に出て、夕方四時にまた集まって、もう一度細部を詰めます。いったい何をしているんだろうと思いました。意思決定機構と情報集約機構をつくらなければなりませんでした。これが、伝統的な組織であれば、毎日いつから会議があるとみんなわかっていますが、それがない組織だったので、それをどうつくりあげるかが大事でした。なぜ岡本が呼ばれたかというと、私は総理秘書官を務めたことがあるので、官邸のどこをつついたらどう動くかがわかっていました。野党自民党の幹部もだいたいが顔見知りなので、お願いにいくこともできました。各省の幹部も、私のことを知ってくれていましたので、だいたい話は通じました。県庁にも出向したことがありますし、市町村役場の能力も知っていたので、そこにこんなことをいってもだめだということはわかっていました。マスコミ対応には、どれだけ情報を流して、今わかっていることとわかっていないことを毎日、事実上のブリーフィングをやっていました。今、コロナで、市町村役場にこの一年間に送られてきたＦＡＸは一メートルくらいの高さになるそうです。私は、たぶん、それを防いでいたんだと思います。一方的にＦＡＸを送っても、県も市町村も絶対動きません。私がもしこのコロナに対応するなら、たぶん、お医者様を呼ぶでしょうけれども、厚労省の医療行政のプロと尾身先生と、その前に、旧自治省の保健所の担当を呼んでいると思います。それから、マスコミ対応の担当者が必要ですし、与野党対応の担当者も必要です。ちなみに、復興庁には与党対応の担当者を一人おいていています。

そのように、今誰が何をしなければいけないかを考える。あのときは、官邸の主たる政治家はみんな原発のほうを向いていました。私の所管は原発以外でした。仙谷さん、松本大臣、片山総務大臣、平野副大臣が一緒になって、ある程度私にまかせてくださいました。ただし毎日会議で、自由な議論をするというシステムをつくってくれ、霞が関を含めてみんなで底力を出そうということで頑張ったからだと思います。

──「米でいいのか」という言葉はすごく重い問い掛けです。元に戻すのか新たなものに作り直すのかというのは、本来もっと議論するべきでした。多くの地域は元に戻すという選択をしています。元に戻したことで、問題を先送りにしたのではないか。復旧か復興かと言われる中で、ほとんどの地域は元に戻しているようです。復興に重要なのはスピード感と住民の合意ですが、特に住民の意見は無視できません。

そうすると、次に来るであろう東南海地震が起きたときにも、同じことが繰り返されるのではないかという感じをもちます。そのとき重要なのは、決断する政治の力だと思います。今の日本にそのような力はあるのでしょうか。

岡本　うまくいった例がいくつかあります。一つは、先ほど言いました、岩沼市の玉浦西地区で、六か所の集落を内陸に移転しました。次に、いわゆるコンパクトシティに成功したのが女川です。女川の場合は、死者の割合が高く、八％の住民が亡くなりました。そして、地理的条件も限られ、今の須田町長が皆を説得しました。私たちが大臣と一緒に視察に行くと、議会を中断しても大臣に説明に来てくれました。説明には、町長、議長、そして商工会長が来ます。この三人がタッグを組まないと進まないということでした。岩沼市の玉浦西地区では議論にものすごく時間がかかりました。岩沼市の北隣には名取市があり、閖上地区は沿岸部の最も大きな集落で、最も甚大な被害を受けました。当時の市長は、現在地の嵩上げを進めましたが、それに対して当時の岩沼市長は、なかなか進みませんでしたが、議論を重ねたために、いざ工事を始める段階からはスムーズに進みました。

一方、閖上地区では、途中から移転の希望も出てきて、政争にまで発展してしまいました。やはり、時間をかけてでも皆で議論をしないと、町づくりはできないと思いました。そこは、市長村長の力量によるところが大きいと思いました。一方、産業振興のときには、ある程度、経産省や農水省が方向性を出して、メニュー提示と助言はできると思います。なぜ今回できなかったというと、人口減少はお題目であって、個別具体施策へのつなぎのギアがなかったからだと思います。とにかく、なるべく早く戻すんだということが求められました。一番問われるのは、今後の復旧で人口減少下の復旧として、従来の形には戻さないということです。

なぜ今回、批判が出ているかというと、二〇〇〇年までは人口が増え、あるいは維持できてきましたから、日本は経済力が上がるという仮定で取り組んだからです。その中で、元どおり戻しても、誰も文句は言わないし逆に褒めて貰えました。しかし、今後、日本の状況が変わるのに、同じことをしていいのか。「国土の均衡ある発展」ではなくて、縮小する日本における差別化がされていくでしょう。

例えば、仙台は生き残れます。一五万人以上の人口をもっている所はある程度維持できるでしょう。それ以下の町村は、よほどの産業がない限り生き残れません。それを、国会議員、政府、知事、市町村長が行政部隊に言えるかどうかだと思います。われわれは、お題目を並べてきれいごとは言えます。しかし、個別に対処するときのギアを入れられるかというと、「不都合な真実」は見たくないし、事前に議論していないことは直ちに実行はできません。

――「事前復興」という言葉を東日本大震災以降、よく目にします。単なる防災ではなくて、いつか災害が来る、そのときにどういう段取りで復興していくかということをあらかじめ考えておこうということだと思います。しかし、まだ市町村単位では具体化していないようです。

岡本　進んでいるところはかなり進んでいます。そのフェーズは三つに分けられます。まず、事前防災で、津波から逃げるためのタワーや役場を高台に移す、公共施設を強靭化するといった対策で、これはかなり進みつつあります。少なくとも、タワーはかなりできています。次は、災害が来たときに住民を救うための備蓄や、高台の避難所の整備、そして訓練も重ねていますので、緊急事態への備えはかなりできています。さらに町を復旧する際に、どの程度の町をどう復旧するかということは、たぶん議論に入りにくいところだと思います。

市長村長からすれば、議論したくない事柄でしょう。事前、緊急時といった二段階までは進んでいますが、そこから先の町の復興はなかなか手が付けにくい。民主主義の政治のもとでは、しんどいだろうと思います。

―― そのためには、行政だけではなかなかできないので、住民の声を反映させて、丁寧に進めていくことが必要でしょうか。

岡本　いろいろ言われつつも、今回の東日本大震災のときは、民主党政権が財源を考えました。復興増税をおこない、日本郵政の株もあてにし、それでも足らない場合はいろいろなところから集めています。そのように、財源を確保できたので、次回のときには、どの程度増税してどのくらいの予算にするかという議論が出てきます。国民に負担を問うことは政治しかできません。そこの議論になってくると、今回、われわれは手探りでどんどん積み上げてきて、その結果が三十数兆円になって、それぞれ無駄はしていません。道路も高台移転も、その当時は良かったけれども、もしも、この三十数兆円が確保できなくて二十兆円しかないとすると何をするかという判断は、国会と市町村長に選んでもらわなくてはなりません。そのとき、被災者支援は最優先でいくと思います。ある程度の範囲内で産業復興を、そしてインフラ復興をどこまでやるかです。道路、防潮堤、町づくりをどうするかという議論はどうしても避けて通れません。そうすると、財源とどこまで支援するのかという、歳出と歳入の両方への目配りが、国会で議論される必要があります。

今まで、われわれはそれを回避してきたのです。財務省が確保してくれた範囲内で収まっていますが、次が来たときにどうするのか。それは、政治でなければ決められない話です。

―― 今回のいろいろな取り組みをデータベースとして記録しておいて、今後に役立てることが必要だと思います。その取り組みはされているのでしょうか。

岡本　それは、最初から念頭においています。私が官邸に呼ばれて、その翌日には、公文書管理課長が呼ばれました。そして、毎日の会議の記録をとりました。ホームページには、その時の課題と取り組んでいる事柄をすべて掲載しました。それらは保存されて、アーカイブで参照することができるようになっています。復興庁でも、公開できる資料はすべて公開しています。復興庁は各省からの出向者で構成されていて、だいたい二、三年でスタッフが変わりますので、資料は必ず残すようにしてあります。東日本大震災では、二つの災害があり、地震・津波は私が担当しましたが、原発災害でも同じように事務局がつくられました。しかし、復興庁のような組織がないこともあって、そこでは資料の保存が不完全です。

また、原発災害本部事務局というのは、あってないようなものです。事故が起こるまでの経緯は、検証して残してあるのですが、その後のことが残っていません。

（二〇二一・二・八）

被災地目線で見た震災の教訓

岩手大学名誉教授
廣田　純一

今日は、このような機会を与えていただき、大変ありがたく存じます。今日は「被災地目線で見た震災の教訓」についてお話ししますが、地元にいると、ともすれば視野が狭まくなりがちなので、皆さまには外からの目線でご批判いただければと思います。

五つのテーマについてお話しようと思います。はじめから四つめまでは、被災地の現状に関わる話です。最初に被災の概要を整理した後、次に復興のプロセスと現状について簡単にまとめてみました。三つめは、私は特に地域コミュニティの再建・復興に関わることが多かったので、この話を少し詳しくしたいと思います。四つ目は、現在、被災地が抱えている課題がどういうものかということをお話しします。そして、最後五つ目に、東日本大震災の教訓をまとめて述べます。

戦後の自然災害における死者・行方不明者数を見てみますと、終戦の一九四五年に五〇〇〇人を超える自然災害の犠牲者が出ています。三河地震と枕崎台風です。その後も、自然災害が頻発して、なかでも一九五九年の伊勢湾台風は大きな災害で、五〇〇〇人を超える死者を出しました。ちなみに、私は、この伊勢湾台風の前の年まで名古屋に住んでいましたので、そのまま住んでいれば、影響を受けていたかもしれません。

その後、しばらくの間、大きな自然災害がなく比較的静穏な時期が続いた後、一九九五年に阪神淡路大震災が起こります。私は中学・高校と神戸におりましたので、知り合いがたくさんいて、他人ごとではない大震災でした。

そして二〇一一年、東日本大震災が起きます。災害関連死も含めて二万二一九九人という尋常ではない大きな災害でした。ちなみに、同じく三陸を襲った、明治の三陸大津波のときがだいたい二万二〇〇〇人で、これに匹敵するような津波災害でした。

関東大震災は、一〇万人を超える、明治以降では最大の自然災害でした。東日本大震災は関東大震災に次ぐ大規模災害です。ちなみに、震災後にビートたけしさんが、二万人が死んだ事件が一件あったのではなく、一人が死んだ事件が二万件あったんだという、非常に印象的な言葉を残しています。ついつい犠牲者の人数等で災害の大きさを判断しがちですが、実はそうではなくて、一人が死んだ事件が二万件という想像を絶する規模なのです。被災地にいると、この感覚の方がしっくりきます。

公益財団法人ひょうご震災記念二一世紀研究機構は、震災直後から一貫して大震災の調査研究を続けてきました。そのなかで、私が受け持ったのが、広域にわたり、多様な津波被災地の類型化でした。どうしてそうした類型化が必要だったかというと、被災の程度に応じた復興支援が必要だったからです。市街地が壊滅して都市行政機能が麻痺したような市町村は、それ以外の被災地とは違って、行政機能の復旧が急務でした。これに該当するのが、大槌町、陸前高田市、女川町、南三陸町で、皆さんよくご存知の地域です。震災の一か月後の市町村ごとの人的被害（死者・行方不明者）をみると、総人口の一〇％以上が犠牲になった所は、まさにこれら四市町でした。

陸前高田市では市街地がほぼ壊滅し、市役所も全壊しました。航空写真で見るとよくわかるのですが、瓦礫が残っている場所は平野の山寄りの部分で、津波が何度も往復した後にそこに堆積したわけです。市役所周辺では市の職員の三割近くが亡くなっています。こういう所を復興するには、普通では考えられないぐらいの労力や苦労がありました。現在、ハードの復興はほぼ完了していますが、当時の状態を考えると、よくぞここまで復興したなというのが率直な感想です。

宮城県の山元町に新浜という集落がありましたが、こうした沿岸の集落は全戸が流出しました。仙台湾岸にはそういう集落がたくさんあり、同じ場所に再建はできないので、内陸に移転せざるをえませんでした。そうすると、もともとの集落のコミュニティ自身もなくなってしまいます。

北上川河口の長面地区は大川小学校があった地区であり、広い水田地帯が広がっていました。ちょうど圃場整備が完了した直後に津波に襲われ、一時は全部が海の下になっていました。

復興のプロセス

復興の進捗状況を端的に知るには、避難者の数の推移を見るのがいいと思います。震災直後の四七万人というのは、自宅が流されていない方も当初は避難所等に避難されていましたので、その数を含んだものです。実質的な避難者のピークは三三万人程度でした。その後、三年目を過ぎたころから、避難者の数（仮設住宅等に仮住まいされている方）が減り、去年の四月時点でまだ四万人いらっしゃいますが、これはほとんどが原発事故の被災者です。岩手県は、ついこの間、仮設住宅等の居住者はゼロになっています。

岩手県では独自に、復興ウォッチャー調査という調査をおこなっていまして、沿岸に居住する一五〇人の方に依頼して、被災地の回復状況を五択で尋ね、その理由を自由記述で書いてもらっています。四年目までが年に四回、その後は年に二回実施していて、現地の復興感をよく反映しています。震災後二年目の二月からこの調査がおこなわれていますが、その時期にぐっと復興感が高まります。仮設の商店街が続々とできて、仮設住宅に住みながら、買い物もある程度できるようになった時期です。次に、「回復した」と「回復していない」が逆転したのが、二年目の中ほどです。

しかし、その後二年以上停滞期が続きます。少しずつは復興感が上がっているのですが、「どちらともいえない」がむしろ増えているので、なかなか復興感が高まらなかった時期です。この時期は、防水集事業や土地区画事業の事業計画をつくったり、用地交渉をしたりして、本格的な住宅再建のもとになる面整備事業の調査や計画をしていた時期でした。目に見える景色が変わらなかった時期でしたので、それが復興感の停滞につながったと思われます。しかし、五年目からは、一気に復興感が上昇に向かいます。これは、面整備事業が進捗した時期と重なります。そして、八年目に入った頃から、「回復した」が九割ぐらいに達し、現地を見ると、ほとんどの方が仮設住宅から本設住宅に移り、ようやく日常生活が戻ったという感じがしたのだと思われます。

ただし、こうした復興感も地域で大きな差があります。沿岸北部は復興感の上昇が早かった地域です。四年目の二〇一五年には「回復した」がもう八割方に達しています。一方、沿岸南部では八割に達したは、二〇一七年になってからです。二年半ぐらいの差があります。実際に、被災地の景色も、沿岸北部は面整備事業がいち早く終わって、住宅が立ち並んでいました。民間住宅等用宅地の造成工事の進捗を見ると、防災集団移転促進事業と漁業集落防災機能強化事業、土地区画整理事業を合わせると、三年目以降、六年目、七年目にかけて、急速に進捗度が高まり、さきほどの復興感の上昇につながっています。工事が進捗して景色が変わると、復興感が上がってくるのです。

仮設商店と工場の入居者数の推移をみると、六年目くらいが商店や工場・事業所の本設が進んだ時期で、仮設の退去者が一気に増えます。八年ぐらい経つと生活が戻ってきたかなという、先ほどの復興ウォッチャー調査の感覚が、そうしたデータにも現れていると思います。ちなみに、丸九年経った昨年、仮設から本設への移行がほぼ終了しました。

ハードの後に心の復興と生活再建

　被災地の、二〇一〇年に対する二〇一五年の国勢調査の人口の比率をみると、陸前高田市や大槌町、南三陸町、女川町で人口減少率が非常に大きいことがわかります。亡くなった方が多いので当然と言えば当然なのですが、実は、それだけではなくて、これら三陸沿岸南部の地域は、亡くなったり行方不明者の方と同数以上に、一年目に転出された方が多いのです。これは、三陸地域の課題でもあります。仙台のような大きな都市がないので、地元で生業が再建されないと仕事がありません。したがって震災のその年に、大量に岩手県や宮城県の内陸に、若い人を中心に人口の転出が起きました。仙台市や名取市周辺は人口が増加している所です。山元町は人口が二割以上減っていますが、もともと、仙台のベッドタウンだった所が被災して、仮住まい・本設とも、より便利のいい所に再建しているので、結果的に人口減少が著しく進んだと考えられます仙台とその近郊がそうした被災者を受け入れて、人口が増えているわけです。

　さて、一昨年の時点で九二％の農地が復旧していますし、漁港もほぼ一〇〇％復旧していますが、漁業・水産業はかなり苦戦しています。水揚量は震災前の七割くらいしか戻っていません。これは、震災の影響というわけでもなく、海水温の高さとか、海の環境変化によるものと言われています。原因がよくわかっていないようです。サケ、サンマ、イカが不漁で、水揚量は三割くらい減って、それが戻らない状況が続いています。水産加工施設もほぼ一〇〇%復旧はしていますが、売上の回復が芳しくありません。事業者の六割は売上の回復が八割未満で、相当苦戦しています。

産業別の売上の回復状況をみると、震災前よりも売上が増加しているのは、建設業が七割から八割近くが震災前より増えているかあるいは同等で、非常に好調です。一時期は一人勝ちの状態でした。運送業もそれに次いで好調です。

それに対して、水産加工業や卸売・小売業、旅館・ホテル業は非常に苦戦しています。ちなみに、去年からのコロナ禍で、さらに追い打ちがかけられ、相当厳しい状況にあります。グループ補助金などを受けている事業者が多く、その返済が昨年から始まっていて、これが経営にとって重荷になっています。コロナ禍で、借入金の返済繰り延べ措置が講じられていて、それでなんとか一息ついている状況です。

以上まとめると、震災から九年一一か月を経過し、ハードの復興は完了しています。また、ハード整備の進捗とともに、町づくり等ソフトの復興も進みつつあります。残された課題は、被災者の心の復興と生活再建、そしてコミュニティの再建、地域のにぎわいの再生、産業の振興、そして人口減少対策です。

「地域力」の高い地域の復興

震災後の地域コミュニティがどういう状況になっていたか。われわれは、震災後二年後と三年後に、釜石市の沿岸の三二の被災町内会を調査しました。その結果を見ると、津波で全世帯が流された所から、ごく一部が流された所までが、連続的に存在しているのがわかります。被災した地区の中に仮設団地を確保できた町内会がある一方で、それができずに、釜石市内の各地に分散して仮住まいせざるをえなかった町内会もあります。三年後に調査した段階でも、会員の所在把握さえできていなかった所もあります。多くの町内会が市内各地の仮設団地に分散しており、二二か所に分散した所もあります。その結果起きたのが、そもそも元の住民同士の連絡が困難で集会が開けない、近所付き合いの断絶・稀薄化、地域活動が休止もしくは停滞、そして行政との復興協議の難しさです。

震災後一年目に市町村が復興計画を作りましたが、その際、地区懇談会を開いて地区ごとに復興計画に関する説明をして意見を聞きました。しかし、地域住民が以上のように分散して生活している状況では、各地区ごとにこまめに集まって意向集約をすることが非常に困難でした。復興計画や復興事業計画をたてるのは市町村で住民との復興協議の場をもうけようとしたのですが、それがなかなか難しかったわけです。

町内会の動向を見ると、地区内に避難所ができて仮設住宅にも町内会の人がまとまって入れた町内会、避難所は地区内にあったものの仮設住宅はばらばらになった町内会、そして避難所も地区外で仮設住宅もばらばらになってしまった町内会があります。一方、町内会の活動について見ると、避難所運営もできずに仮設住宅もばらばらになった所は、かなり長期間にわたって休止状態に追い込まれていました。それに対して、地区内に避難所が開設され、そこで一緒に暮らした町内会は、会員の安否確認や所在確認など、いち早く地域活動が再開されています。注目されるのは、仮設住宅が分散しても、避難所がまとまっていた所は、かなり早くから会員の安否確認や連絡態勢がとれ、活動の再開が早かったことです。避難所運営の有無が、後の町内会の活動の始動・継続に非常に大きく影響を及ぼしているようです。

町内会ごとに復興協議の状況を見ると、大雑把に「住民主導」、「行政主導」、「行政任せ」と分類できます。「行政主導」というのは、市町村がつくった復興計画等の案を、住民が集まって一応協議ができた場合で、「行政任せ」というのは、それさえできずに、ほぼ行政のつくった計画がそのまま採用された所です。当然、全世帯が流されたような町内会に「行政任せ」が多いのですが、そのなかで全世帯が流されたにもかかわらず、月一回住民集会を開いて住民の要望をとりまとめて、かなり住民主導的な復興計画ができた町内会もあります。これには町内会のリーダーや事務局の力、そして地区としてのまとまりが効いているようで、いわゆる「地域力」の高い地域だったわけです。

他方で、住宅残存率が高い地区でも「行政まかせ」の所もあります。概して、住宅の残存率と「住民主導」には、あまり関係が見られません。震災前から地域活動が活発な所は、震災にあたっても、住民主導で復興が進みやすいということかと思います。これも大きな教訓だったと思います。何事もそうですが、日頃のそうした活動が、震災の時にも効いていたという、一つの例かと思います。

行政と住民側に残された教訓

行政は住民と様々な場面で復興協議をしてきたわけですが、そこにはいろいろ難しさがありました。一つは、行政は確実に言えることしか言わず、そういうプランしか示してくれないということです。誤解・曲解する住民がいるから、行政も慎重にならざるをえなかったということがあります。また、後戻りをいやがるという傾向もあります。気持ちはよくわかります。あるプランが白紙に戻されてしまうような後戻りは、行政の中では減点という考え方がありますので。また、行政の使う言葉が独特で、なかなか住民の方に通じないこともあります。伝えるつもりがあるのかと感じられるような場面もありました。そして、概して説明がうまくないということです。例えば復興事業ではかなり専門的な用語がありますので、どうしても専門用語を使って自分の論理を優先しがちです。さらに、「説明イコール了承」の怖さがあります。説明会や懇談会で特に異議がなければ了承してもらったという理解で先に進むわけです。これは、合意形成についての理解不足で、やむを得ない部分もありますが、怖いことです。住民がそうした会合で意見を言うのにはとても勇気がいることですから、そこで異議がなかったからと言って、皆が了解しているわけではないわけです。やはり、丁寧な説明が必要だったと感じられるところです。ただ、行政の担当者の立場から言うと、経験も人手も時間も不足しているなかで、やむを得なかった面もあるのでしょう。

一方、住民や地域の方に問題はなかったかというと、そうではありません。意向集約は非常に難しい。そもそも分散して住んでいるので、集まれないという問題があります。そもそも、多くの方にとっては、自分の生活再建が第一であって、地域全体のことはなかなか考えられなかったということもあるでしょう。そして、実は、町づくりに無関心な人が多かったということもあると思います。言えばやってくれるが、引っ張る人がいなかったというのも、かなり多くの地区で見られたことです。普段、自分が住んでいる所の町づくりに関心を持っている人の方が珍しいくらいで、復興にあたってはそういう側面が出てきました。さらに、話し合いを面倒くさがる人が少なくないことです。とりわけ、中高年男性の世帯主層にはそうした傾向があったと思います。こうした現実に何度も遭遇すると、丁寧な合意形成は実はあまり好きではないのではないかという気にもなります。

例えば、行政がつくってきたプランがあれば、ごちゃごちゃいわないで、その通りにやればいいんだというような発言をされる方は少なくありませんでした。また、もうちょっと微妙な話で、住宅の被災者と被災していない人、仮設住宅に入っている人とみなし仮設住宅（賃貸）に入っている人など、置かれた状況の違いで、やはり行き違いを生むことがあります。立場が違うと発言がしにくいという状況もありました。ですから、合意形成はかなり丁寧にやる必要があったと思います。誰がやっても難しいことでした。結局、住民も行政も、平常時からの経験が必要で、復興の町づくりが相対的にうまくやれたと評価される市町村、たとえば東松島市などは、震災前から協働の町づくりをかなりやってこられた所です。そういう経験がない所で、いきなりこういう事態に陥れば混乱するのは当然と言えば当然のことだったと思います。

コミュニティはつくるもの

東日本大震災では、個人や事業者にはかなり手厚い支援があったと思いますが、町内会等の地域コミュニティへの支援は、それらに比べると明らかに不十分でした。そもそも支援が必要という意識がなかったのではないかと思わせる場面も結構ありました。コミュニティというものは自然にあるもの、できるものという根強い認識があって、例えば、住宅再建が終わればあとは自分たちでやればいい、というような雰囲気が、特に行政の方に大きかったと思います。入居者が互いに顔見しりでない災害公営住宅のコミュニティづくりに関わって思うのは、コミュニティというのはつくるものであって、顔見知りでないもの同士を放っておいても自然には生まれないということです。こうした認識があるかどうかが、コミュニティ形成にとって非常に大きな違いを生むことを強く感じています。ちょっとした手助けで、コミュニティ形成はすごく容易になります。ですから、合意形成の技術をもった専門家と住民が集まる場をつくれる行政、この二者が協働してやると、コミュニティづくりは非常にうまくいきます。こういうものだとわかっていれば、もうちょっとうまくできたのではないかと今振り返って思います。ちなみに、岩手大学では災害公営住宅のコミュニティづくりを、ずっと支援してきました。

いまの六つの課題

現在の被災地が抱える課題の第一は、被災者の心のケアと生活の再建です。生活の再建というと、ちょっと違和感を覚えるかもしれませんが、住宅が再建されたから生活が再建されたわけではないということをご理解いただきたいと思います。心のケアについては、いろいろなところで紹介されていますが、普段元気な方でもフラッシュバック等精神面の問題はまだあります。いつまでこういう状態が続くのかは誰もわからないというのが実際のところです。住宅再建がなされ、インフラが復旧しても、震災前と同じ住環境は戻るわけではありません。個人差もありますが、支援を必要としている方々がいらっしゃる。これも見逃せない点だと思います。

今被災地に行くと、すごく立派な住宅が建っています。しかし、ほとんどの方が住宅ローンを抱えていますので、その返済や災害公営住宅の家賃の支払いが負担になっています。災害公営住宅も、基本的には三年経つと普通の公営住宅の扱いになります。そうしたことから、以前より経済的には苦しい世帯が多くなっています。

課題の二つ目は、コミュニティの再建です。特に災害公営住宅には知らない人たち同士が入るので、外部支援が不可欠です。先ほどのいわて復興ウォッチャー調査でも、コミュニティ支援の必要性を自由記述で書かれている方がたくさんおられます。コミュニティをどうつくりあげていくか、コミュニティづくりが思うように進んでいない、というようなご意見がたくさん出ています。日中に働きに出ている方はいいのですが、特にご近所付き合いが重要な高齢者や小さなお子さんは、世界のすべてがご近所になるわけですから、健全なコミュニティができているかできていないかは非常に重要になります。

三つ目が、町のにぎわいの再生です。大槌町の中心部には空き地が非常に多くなりました。区画整理後、もともとの所有者の方はもう別の土地に住宅再建されている方が多く、そこをほかの方が利用しないかぎりずっと空き地のままになる恐れがあります。陸前高田も同じ状況です。そういう土地をもっている事業者がもう一〇年経っても再建できないでいるわけですから、事業そのものの再建をあきらめている方もいらっしゃいます。そういう土地が空き地になっています。ちなみに、復興まちづくりには、前と同じ場所を整備して再建するか、場所を移転して整備・再建するかという二択がありますし、その上で元々あった商業施設を同じ場所で再建するのか、商業施設を集約して、さらに新規参入も含めて再建するのかなど、いろいろなパターンがあります。どのようなやりかがた最終的にうまくいくのかはまだわかりませんが、今後の推移を見守りたいと思います。

四つ目が、産業の復興です。震災後は建設業が地域経済をけん引してきましたが、それが終わってしまって、建設業の売上も大きく減少しています。それを他産業がカバーできているかというと、そうでもありません。深刻な不漁で、漁業・水産加工業はかなり厳しい状況にあります。復興ウォッチャー調査でも、漁業・水産加工業の不調を指摘する自由記述はたくさんあります。

五つ目は人口減少で、人手不足が顕著です。被災地で事業者の方が一番困っている問題です。その後のコロナ禍で事業そのものが厳しい状況にあるので、人手不足問題は少し緩和してはいますが、働き手を確保できないことに変わりありません。これが、事業の再建・拡張にとって、一番重要な課題になっています。他方、三陸縦貫道がようやく完成し、仙台から八戸までつながりますが、東面はストロー効果のほうが大きいだろうと見られています。仙台圏や岩手県内陸部に商業・事業が吸われてしまいかねないということです。おそらく、人口のストロー効果も出るのではないかと心配しているむきもあります。人口減少の推移を見ると、岩手県は、住民登録よりも実際にいる人口のほうが多くなっていますが、それは復興関係の作業員等がたくさん入っているからで、二〇一五年では国勢調査と住民基本台帳の人口のギャップは五〇〇〇人くらいありました。逆に、福島県は、住民基本台帳の人口のほうが国勢調査の人口よりかなり多くなっています。住民票はおいているが、実際に住んでいない方が二万人から三万人くらいいるといわれています。

六つ目の課題は、新たな災害への対応です。一昨年、台風一九号で、再び被災した地域が出ており、こうしたことへの対応が課題となっています。最後に七つ目の課題が震災の伝承です。これは非常に重要な課題で、次の教訓のところで詳しくお話ししようと思います。

復興とは何か

復興とは何かということは、繰り返し問われなければならないことと感じています。とりあえず、現時点での私自身の考えを述べると、復興については、便宜的ではありますが、個人の復興と地域の復興とを分けて考えてみたいと思っています。個人の復興は生活の復興と言えるかと思います。そのためには、住宅を再建し、仕事が戻り、その人にとっての人間関係がある程度元に戻って、ふるさとが再建されることが必要です。津波被災地では、厳密な意味でのふるさとの再建（元の土地に再建すること）は不可能ですが、被災前のふるさとが持っていた何らかの思い出を復元することは、個人の（気持ちの上での）復興にとっても重要だと思っています。

一方、地域の復興にとって何より必要なのは、住民がそこに戻って暮らすことです。そうでないと地域の復興はありえません。そういう意味では、個人の住宅再建が地域の復興と直結しています。もっとも、ただ住民が戻るだけではなくて、そこにコミュニティがあり、産業が再生されて、広い意味での地域文化が再建されてこそ、復興だといえると思います。

個人の復興にとって、住宅再建は基本中の基本です。安心して暮らせる所が再建できるかどうかが一番重要です。今回の復興全体にあたっても、この住宅再建が最優先の課題でした。しかし、これを優先したことによる問題も少しあったと思っています。一年目に全ての市町村で復興計画をつくりましたが、いま振り返れば、かなり急いでつくったという印象も残ります。震災の翌年に復興庁ができて、復興交付金事業が始まるわけですが、復興計画がないとお金がつかないのではないかという考えがどこかにあったかもしれません。前述のように、被災者の多くは分散して住んでいるので、なかなか丁寧に個々の地区の復興計画をつくれるような状況ではなかったにもかかわらず、急いでつくってしまったというところがあります。二年目以降の事業計画のなかで、それをより丁寧にやってきたわけですが、今から思うと、もう少しゆっくり復興計画をつくってもよかったかもしれないという気もします。そうすれば、生業やコミュニティ、地域文化や自然の復興といったことも、もう少しバランスをとりながら計画づくりができたかもしれません。

繰り返しになりますが、住宅再建は地域の復興にとっても基本中の基本です。住民がそこに住んでいなければ地域の復興はありえません。従って、元の地域に多くの住民が再建してもらう、特に持ち家で再建してもらうということが非常に重要でした。ただ実際には、復興事業の遅れ等で、地区外に住宅再建された方も少なからずあり、それが残念ではありました。

　ところで、住宅再建をめぐっては、住民参加と合意形成、とりわけ、地区として、どこに住宅を再建するか、集団移転をするかどうかが非常に重要でした。その良し悪しが、地域の復興に大きく影響したと思われます。住民同士の話し合いと復興ビジョンの共有、それを支える行政、そういう形で進んでいければ良かったと思います。しかし、必ずしも、そうではなかったケースもありました。復興計画をつくる際には、誰がどこに住宅再建あるいは集団移転するかという数字の把握が重要でした。そこで、被災地への個別アンケート調査でそうしたニーズを把握することになるわけですが、急いだがゆえに、本来であれば、まずは住民同士で復興のビジョンを共有して、そのうえでのアンケートをすれば良かったのですが、必ずしもそうではありませんでした。結局、隣近所の誰が残るのかがわからないまま、アンケート調査に答えざるをえないという状況も生まれました。

　事業制度については、集団移転事業（防集等）と被災者の個別再建の中間的な事業も必要だったように思います。実際には、個別か集団移転かという二択で迫られると、なかなかつらいところがあって、本当はその中間的な事業があるともっとよかったと思います。小規模な移転事業、あるいは個別再建をもう少し計画的に支援して、できるだけ多くの人が地区内に再建先を取得して住宅を建てられるような、個別再建の計画的支援があってもよかったのではないかと思っています。

　さて、個人にとっての仕事の再建も重要な問題です。特に三陸沿岸は仕事の早期再建が重要でした。最寄りに大きな都市がないので、そこに通って当面をしのぐことができなかったからです。その結果、震災一年目に大量の転出が生じました。応急復旧期には、がれきの撤去や作業員の賄いなどで臨時雇用がかなり計画的に創出され、それが効果的でした。ただ、今から思うと、そうした肉体作業だけではなくて事務的な仕事もつくれると、もう少し地区外に離れる人をとどめられたのではないかという気がしています。

その後、復興期に入ると、今度は慢性的な人手不足です。働き手が大量に転出し、特に若い人手が不足していました。これが事業者の再建のネックにもなっていました。求人と求職のミスマッチは、コロナ禍の前までずっと続いていて、例えば水産加工業の事業者が働き手を募集しても中々集まらず、その一方で、事務系の業務を探す求職者が仕事を見つけられないというミスマッチが今も続いています。

人間関係の復興とふるさとの再建

個人の復興にとって、もう一つ重要なのは人間関係の問題です。それは、個人にとってのコミュニティの再建といってもいいと思います。震災によって人間関係が一変しました。家族・親戚、友人、ご近所等が分断され、ばらばらになってしまいました。その一方で、ストレスの多い避難生活によって、家族等それまでの人間関係が壊れてしまったという負の側面も生じました。ＤＶやネグレクトなども、かなり深刻であったとされています。個人にとっての人間関係の再生は、必ずしも震災でばらばらになった人たちのコミュニティをつなぐだけではなかったのです。こういう狭い、ストレスの多い人間関係をどうやって、悪い方向に向かわないように支援するかということも非常に重要でした。

一方、避難所・仮設住宅での災害ユートピア、被災者同士が助け合って、いい形のコミュニティが一時的に生まれることもありました。避難所ですごくいい関係ができても、災害公営住宅になると、それがばらばらになって残念だった、仮設住宅でも同じようにいい人間関係ができていたが災害公営住宅に移ってそれが失われた、という話はよく聞きます。特に高齢者の方がよく指摘します。これもまた教訓です。個々の人間同志をつなぐ支援が必要ではなかったか。われわれは、コミュニティというと、つい地域コミュニティと捉えがちですが、そうではなくて、被災者には様々な人間関係があったので、そういう人間関係をつないだり、あるいは悪くさせないような支援はもう少しあっても良かったと思います。

相談員や支援員がたくさん採用され、被災者の個別支援はかなり頑張ったと思います。しかし、地域支援という面ではまだ発展途上です。地縁型コミュニティだけがコミュニティではなくて、関心や属性でつながるテーマ型のコミュニティ、たとえば、文化・スポーツ・伝統芸能・健康福祉・町づくり・環境保全など、様々な関心や目的によって形成されたコミュニティの再生も、個人の人間関係の再生にとっては非常に重要だったと感じています。

ところで、お互いに面識のない人たちが入居する災害公営住宅では、放っておいてもコミュニティにはならないということを身に染みて感じました。顔見知りでない人たち同士が一緒に住んでいるわけですので、顔見知りにさせるところは誰かがやらないと、コミュニティになりません。まずは隣り近所をつなぐ。たとえば同じ階とか、同じ階段の人たちを顔見知りにする。それから、同じ関心を持つ人たち。同じ趣味の人たちをつなぐ。また、役でつなぐこともあります。班長さんなどの役を与えることで、その人の顔見知りが増えるわけです。外部の人が少し手助けするだけで、顔見知りがすごく広がります。災害公営住宅では自治会をつくれといいますが、その前に、まずは居住者同士を顔見知りにすることが大切です。

　ふるさとの再建については、考えさせられるところがいろいろありました。当たり前のことですが、津波で流されてしまった所は、災害危険区域になりますし、元に戻ることはありません。ではどうするか。たとえば、思い出の収集と見える化ということで、昔の写真を集めたり、昔の市街地を模型で復元するような取り組みがおこなわれました。また、震災前のふるさとの体験を語り合ったり、新しい土地で昔のふるさとの記憶を復元する試みなどもありました。新しい土地に、昔あったもの、例えば石碑などを再現したりするわけです。さらに、祭りやイベントは、新しくなった町でもできるので、それもふるさとの再建と言えるでしょう。こうした様々なふるさとの再建に関わる取り組みは、被災者の人たちにとっては、一種の心の復興とも言えるもので、非常に意味のあることだったように思います。

地域産業の再建

地域の再建にとって地域産業の再建が重要なことは言うまでもありません。例えば農業については、復興構想会議の提言で、水田農業の大規模化・組織化、および六次産業化の推進や高収益作物の導入等が謳われました。そして水田農業については、農地や水利施設の復旧・整備、農業機械や農業用施設・設備の貸与など、農業経営の再建に必要なもののフルセットで支援がなされました。その結果、多くの組織経営体が設立され、この対策は目に見える成果を上げたように思います。ただ、機械設備は最新鋭のかなり高価なものが導入されており、その更新ができるかという懸念がないわけでもありません。いずれにせよ、農業については、様々な新たな挑戦の機会が生まれたことは良かったと思います。この機会をどれだけ活かせるかは、経営者の腕にもかかっていますので、今後の展開に引き続き注目していきたいと思っています。

これに対して漁業については、震災以外の要因による不漁のダメージが大きく、なかなか厳しい状況です。主力魚種であるサケ、サンマ、イカ等は、いずれも震災前の漁獲高を大きく下回っています。不漁は、当然のことながら水産加工業にも影響を与えています。また、農業と違って、六次産業化についても、まだまだこれからという感じです。震災をきっかけとした高齢の漁業者の引退もあって、若手への世代交代はかなり進んでいるようです。

最後に、地元の商工業の再建です。零細な事業者や個人事業者は、再建を断念した方が多いです。震災前からけっして経営が好調だったわけではないので、やむをえないのではないかという評価もあると思います。私も、実はそう思っていました。しかし、それでいいのかと最近は感じています。地元の商工業者は、地域のセーフティネットとしての役割、地域の社会インフラとしての役割があるのではないかということです。震災後、こうした事業者が被災者の支援に積極的にあたっていましたし、町の復興を引っ張っていった面もあります。にぎわいの源でもありました。すべてを肯定するわけではありませんが、地域の復興という場合、地元の商工業者さん達が最重要の担い手であることは間違いないと思うわけです。

今回、中小企業の再建については、グループ補助金をはじめとして、かなり手厚い金銭的な支援がされましたし、支援人材の派遣などもおこなわれました。さらに、民間でも、クラウドファンディングで、ミュージック・セキュリティさんが先鞭をつけてくださり、被災地の事業者はたいへん助かりました。今後、同じような震災があっても、東日本大震災の時のような手厚い支援（とくに財政支援）は難しいと言われていますが、東日本大震災で登場した様々な支援の形を教訓として、事前の準備も含めた対策が考えられるように思います。

もう一点、観光業ですが、少なくとも岩手県では、他産業に比べると、どちらかと言えば後回しになりがちだったように思います。とくに、今回もどかしく感じたのは、自然海岸の再生です。たとえば海岸沿いに農地があれば、農地海岸としてすぐに農業関係部局によって復旧がなされます。住宅があればもちろん、国交省の管轄で、堤防が復旧されます。これに対して自然海岸には、担当する部署がありません。なので、たとえば海水浴場があるような砂浜海岸で、砂が流されてしまうと、それを復旧する事業がないわけです。このため、自然海岸の復旧が非常に遅れてしまいました。

地域文化の復興

祭りや伝統芸能は、復興の大きな促進要因になりました。今でもよく覚えていますが、大槌町に虎舞という伝統芸能があり、毎年九月の神社の祭のさいに、町中で踊られていました。震災後、最初に虎舞が舞われたときの地元の熱狂はすごいものでした。精神的な意味で、復興の大きな促進要因になったと思います。逆にいうと、普段からの伝統芸能の継承は、実は、地域防災の強力なツールになるのではないかとも言えます。

現在、全国各地でそうした伝統文化がどんどん衰退し、祭りも消えていっています。これらを継承していくことは、実は、地域防災にとっても重要な力になるように思います。防災のために伝統芸能を継承しようというのも、本末転倒のような気がしますが、現実的にそれが大きな力になることは認識しておいていいと思います。

先ほどから繰り返しているように、復興まちづくりの成否を左右したのは、被災の程度よりもむしろ復興の主体となる行政と住民の、地域づくりの経験、特に両者による協働のまちづくりの経験が大きかったと思います。震災後、外部人材を受け入れて、活躍してもらうという柔軟性も、こういう経験のあるところほど柔軟だったと思います。

これは、広義の地域防災力といえるものです。従って、平時からの地域づくり、特に協働のまちづくりの経験は、極めて重要であったと思います。。

地域コミュニティの再建支援

もう一つ、地域の復旧・復興に力を発揮したのは、普段からの多様な交流です。例えば、ふるさと会のような同郷団体は、いち早く被災地に手を差し伸べてくれました。また、団体だけでなく、被災地の出身者は、被災地の復旧・復興に非常に大きな力となりました。さらに、出身者だけでなく、事前に交流があった地域や団体・個人も、素早く被災地に入って来られました。

地域コミュニティの再建支援については、総合支援事業のようなものもあって良かったのではないかと思います。具体的には、まず地域活動を再開するための基礎支援です。連絡体制を整備したり、集会場所や用具、活動資金の確保などです。東日本大震災では、地域自らがそうしたことをやってきました。もっとも、集会場所や交通手段は、行政や民間の団体が支援することもありました。

いずれにしても、地域コミュニティの事務局機能を補完するような支援が最初に必要だったと思います。

次に、地区の復興計画づくりと、その後の持続的な地域づくりへの支援が必要です。多くの地域では、とりあえず復興計画を作るところまで頑張って、その後は活動が止まってしまいがちです。もったいないことです。震災をバネに、よりよいまちづくりに展開していけるような支援を考えるべきでした。具体的には、ハードの復興の先の地域の将来ビジョンをつくったり、将来ビジョンを実現するために、自分たちでできる小規模なプロジェクトを企画・実行することなどです。そうした活動を支援する専門家やアドバイザーの派遣を、もっと計画的体系的にできればよかったと思います（自主的に地域に入っている専門家はもちろんいました）。

長期避難対策

東日本大震災では、復興までに結局一〇年近くもかかってしまいました。小学校時代をずっと仮設住宅等で過ごした子供もたくさんいます。一般に、避難期間は本格復興までの過渡期という考え方が根強くあるように思います。避難期間なのだから、多少の不便・不自由は止むを得ないという認識です。復興にここまで時間がかかってしまった現実を踏まえると、過渡期という認識自体がよくなかったのではないかと思えます。避難生活が長期にわたるなら、その期間中の生活水準の向上が必要です。たとえば仮設住宅の中には、山の中にある所もありますし、田んぼの真ん中につくられたものもあります。買い物ができる市街地から遠く離れ、足がないと暮らせないような場所であることも少なくありません。最近になって、わが国の避難所の劣悪さが指摘され、だいぶ改善されてはきていますが、仮設住宅等での長期の避難生活についても、それと同じような課題があります。過渡期だから我慢せよというのではなく、長期避難であっても、最低限の文化的生活を可能とするような支援が求められるのだと思います。南海トラフ地震に向けても、このことはしっかり検討していく必要があると思います。

風景の復興

工事が進み、目に見えて景色が変わってくると、復興感も高まる、という話を先ほどしましたが、その意味では、水田が復旧すると復興感が一気に高まったように感じます。水田は地域の風景の大きな部分を占めるためではないかと思います。陸前高田市の小友地区は、岩手県の沿岸被災地のなかでは広い田んぼがある所ですが、半島の付け根に当たる位置にあり、津波で大量の瓦礫が堆積しました。瓦礫が片付いた後も、しばらくそのままになっていたのですが、何年かして初めて水田にコメが作付けされたとき、一気に復興が進んだように感じました。地域の人たちには、生業がようやく戻ってきたと実感されたようです。風景の再生は、われわれが思っていた以上に重要でした。

瓦礫が片付いただけでは、復興感の上昇にはあまりつながりません。農地の復旧は、そうした停滞感を一挙に吹き払う効果があります。これがわかっていれば、もうちょっと風景の再生を急いでもよかったかもしれません。これは、現在進行形の福島の復興にも重要な示唆を与えると思います。双葉町や大熊町など、帰還する人が限られるようなところは、農地の復旧（再整備）を前倒しに行って、まずは風景の復興を先んじておこなうのも一つの手ではないかと思います。

いくつかの教訓

最後に、東日本大震災の経験から学べるいくつかの教訓をまとめておきたいと思います。

第一は、都市行政機能の被災と復旧です。都市行政機能が壊滅した自治体では、復旧・復興の司令塔となるべき主体が失われたことが問題であり、何をしていいかわからない状況ですから、まずは司令塔機能を復旧させることが非常に重要だと思います。震災直後から行政復旧支援チーム（仮称）を派遣して、被災自治体の職員をサポートしつつ、初期段階の復旧・復興の舵取り役を担う、プッシュ型の支援が必要ではないかということです。ちなみに、行政が被災することは、その後の復旧・復興に非常に大きな影響を与えることも今回の教訓の一つであり、行政機能の被災を最小限に抑えるように、役場や警察署などは事前に安全な場所に移転をしておくことが重要だと思います。

私は一昨年から、南海トラフ地震の想定域、高知県や和歌山県などで「津波防災キャラバン」と称して、岩手県の津波経験者の方と一緒に沿岸の集落を回り始めていますが、住民の皆さんの中には、役場だけ先に移転するのはけしからんというような感情がまだあるようです。そういう感情もは理解できないわけではありませんが、復旧・復興の司令塔になるべき役場を、まずは安全な状態に置くことが重要だと思います。

第二は、行政だけが復興の主体ではないということです。地域内外の諸団体や民間企業、NPO、他地域、関係・関心人口と呼ばれる個人や団体、そして被災者自身も復興の担い手として、それなりの役割を果たしうるし、果たすべきです。そういう多様な主体が、それぞれの得意分野を生かして、復興に関われる場を与えるべきです。とかくわが国では、行政の存在感が非常に大きいので、何かが起こればすぐに行政に期待し、また、行政に対する不平・不満が出がちです。しかし、今はそういう時代ではありません。多様な主体が連携して復興にあたる体制をいかにスムーズにつくるかということが非常に重要です。すでにそういう動きもあるとは思いますが、様々なレベルの防災ネットワークの構築が求められていると思います。

これに関連して災害ボランティアセンターの運営についてですが、今は災害が起きると、すぐに社協が対応しているわけですが、必ずしも災害対応に長けた社協ばかりではないので、少し荷が重いように思います。災害ボランティアの経験を積んだ人材や団体もありますので、そういう方々に最初に入ってもらって、必要な権限を付与して、災害ボラセンの立ち上げと初期段階の運営支援に当たってもらうのがスムーズのように思います。これも、多様な主体の協働による復興支援の一環です。

第三は、災害復興に関する事業制度の柔軟かつ機動的な見直しです。災害に当たっては、とりあえず既存の事業制度を被災地に適応して、当然齟齬が出るわけですが、そこを見直しながら事業制度を柔軟に見直していくというやり方が望ましいということです。予算・制度は多くあるのに使いにくいとか、原地復旧が原則で融通が利かないとか、初期のころにはいろいろな批判を受けましたが、問題はそうした使いにくい制度を柔軟に見直して、より使いやすい事業に改善していくことが大事です。順応的管理とは保全生態学の用語ですが、制度についても同じような考え方を適用できると思います。例えば、災害復興に関して制度管理委員会のようなものをつくって、事例を収集しながら、制度や運用の改善を検討し、できるところからすぐに実行していくというのも、一つのやり方だと思います。

第四は、創造的災害復旧です。東日本大震災は創造的復興を旗印に掲げたこともあって、復興交付金事業は、原形にとらわれない復旧・復興を進めることができました。その一方で、災害復旧事業として行われた事業については、かなり原形復旧にこだわったような工事を強いられたこともありました。創造的復興という考え方は、近年の災害復旧事業全体の教訓にもなると思われます。というのも、水害や土砂災害では、原形復旧が困難、あるいは適当ではないようなケースも見られます。災害復旧後に人が住まなくなる可能性がある被災地さえあります。現在の災害復旧事業では、道路・河川・砂防等の部署が、それぞれ被害を受けた施設の復旧を担当し、復旧後の地域のあり方まで見通した総合的見地からの災害復旧とは必ずしもなっていません。

今後の課題ですが、場合によっては原形復旧にはこだわらず、より簡易な復旧に止めるという選択肢もありえると思います。もちろん、被災者の意向は尊重されるべきですが、繰り返し災害に見舞われるような場所であれば、何もかもを元通りに戻すのではなく、より安全な場所への再建を想定した復旧のあり方がありうると思います。

第五は、被災地の将来像としての拡大コミュニティです。被災地に限りませんが、今後のさらなる人口減少・高齢化は避けられず、定住人口だけでコミュニティを維持するのが困難になっていくことが予想されます。ところが、そこに住んではいないものの、その地域のことを気にかける出身者、交流者、地元ファンの方々が大勢おられます。こういう非定住者との定期的・継続的な交流・連携によって形成されるコミュニティが拡大コミュニティです。具体的には、地域活動への労力、金銭、情報の提供、定期的な訪問・交流、さらには、将来的な地元への帰還や移住も考えられます。東日本大震災でも、被災地の出身者や多数のボランティアが、一生懸命被災地を支援してくださいました。今日の復興があるのは、こうした方々のお陰であることは間違いありません。そうした支援活動の多くが、復興が一段落した時点で終わってしまったのに対して、中にはその後も継続的に被災地と関わりを持つケースもあります。全国的には、様々な形態の拡大コミュニティが存在し、中には非居住者が地域の運営に関わっている例も見られます。

例えば、新潟県の長岡市旧山古志村の木籠集落では、中越地震後にそうした拡大コミュニティができています。木籠集落には現在一一世帯しか住んでいませんが、元住民の一三世帯と震災ボランティアをきっかけにこの集落に関わる人たちが一〇〇人以上いて、一緒に木籠ふるさと会という団体を作ってます。地区内の農地や用水路の管理、神社の管理なども、地域に住んでいない人たちが住民と変わりない役割をこなしています。

このように、拡大コミュニティ自身は東日本大震災以前から存在しますが、東日本大震災がこうした新たなタイプのコミュニティの姿をわかりやすい形で示してくれたことは確かです。

震災伝承をつなげるために

震災から十年が経ち、被災地岩手県でも、津波に対する意識が少し薄れてきているのではないかと感じています。岩手大学名誉教授の齋藤徳美先生は、今回の震災の反省として、これまで何十年も防災対策をしてきたのに、どうして六〇〇〇名以上の死者を出したのか、その検証がまだ十分ではないとおっしゃっています。また、津波防災の第一人者である首藤伸夫先生は、被災二年後のインタビューで、津波対策はとにかく忘れられてしまう、これが難しい問題だと述べておられます。東日本大震災についても、八年も経つと、前のことは無視したような生活に戻り、さらに、一〇年経つと、前の経験はつながらなくなるとしています。まさに今われわれはその時点を迎えているわけです。

首藤先生は、なぜそのように忘れられるかについて、津波を知らない人が増えてくるからと答えておられます。そして、津波の経験をつないでいくシステムが津波伝承であるが、それが非常に難しいと指摘されています。津波の伝承は、言葉としていうのは簡単ですし、いろいろな行事を伝承していくことはできます。しかし、とかく形式に流されてしまいがちなことが非常に問題というわけです。

もう一つ、首藤先生が指摘するのは、防潮堤など構造物の大きなものをつくるのはかえって危ないということです。それは、構造物を維持管理していくのが大変だということと、大きいものがあることで安心してしまい、かえって人が死ぬことにつながりかねないことです。今回の東日本大震災ではまさにそれが起きました。田老地区では東洋一の防潮堤をつくってありましたが、そこで一〇〇人以上の方が亡くなりました。これは非常に大きな教訓です。既に巨大な防潮堤がたくさん沿岸にできてしまっているので、なおさら今後の注意が必要です。

さて、現在私は高知や和歌山で津波伝承キャラバンという取り組みを行っています。大槌町と大船渡市の方に語り部として、現地に同行していただいています。語り部の方たちが、高知や和歌山の沿岸の人たちに、どういう人が亡くなったかということを話します。これは、なかなか地元では言いにくい話です。実際亡くなったのは、逃げなかった人、逃げられなかった人、戻った人、人を助けようとした人です。次に来る南海トラフ地震の想定域でも、皆さん同じ行動をとるはず、だから注意しなさいという話をしていただいています。子どもはおそらく大丈夫だと思います。岩手県では学校で亡くなった子供はいません。いかに、津波防災教育が機能したかということです。問題は大人です。

今の津波防災の取り組みを見ていると、「忘れないこと」が単なるお題目になっていないか少々心配です。震災から一〇年目を迎えて、いろいろな企画がされていますが、お題目としての一〇年目になっていないかを自省する必要があります。本当に次の津波に備えるには、むしろ避難の日常化こそが重要かと思います。それが防災文化ではないかと思います。例えば津波注意報が出たら、すべての業務を即刻停止し、全員で高台等に避難します。学校だけではなく、役場、すべての事業所がそういう行動をとる。それぐらいまでしないと、津波伝承にならないのではないかと思っています。

日本海溝、千島海溝沿いの地震発生状況を見ると、岩手県にはまた大津波がくる可能性があるとのことです。その意味で津波伝承は、今なお最大の課題の一つだと思っています。岩手県でも、震災経験の記録をおこなっていますが、真の震災伝承、次の救命につながる伝承が一番大事なことです。

（ひろた　じゅんいち）

〈質　疑〉

―― 日常的に、地域コミュニティを強化していくための仕掛けはどう考えればいいのでしょうか。

廣田　地域コミュニティの強化のためには、住民同士を顔見知りし、地域の課題を共有して、住民が協力して課題解決に取り組むという実践を繰り返すことが重要です。地域自身でもそれができる力を持っているところもありますが、そうでない地域も少なくありません。ここに現代の地域づくりに外部人材が必要とされる理由があります。私が最もふさわしいと思う人材は、いろいろな所でまちづくりに携わってきた経験のあるＮＰＯなどのスタッフです。人々を顔見知りにさせるときに、一番必要とされる能力が、傾聴する力とコミュニケーション能力です。それに長けた人であれば、行政の人でももちろんいいです。ただ、行政はいざ災害になるとインフラの復旧や被災者対応で忙しくなるので、やはり全国のまちづくり系のＮＰＯの方がいいと思います。ただ、行政でないと、住民を集めることはなかなかできません。場をつくる行政と人をつなぐ能力に長けた外部支援者が協働でおこなうのが良いと思います。

―― 地方自治体は今後の防災にあたって、どう取り組んでいけばいいとお考えですか。例えば国交省の道路事務所のような、広域を管轄する防災事務所のようなものが拠点としてあれば、もっと統一した対策がとれるのではないでしょうか。

廣田　これだけ災害が多発して、これからも大きな地震・津波が想定されているのであれば、そうした体制があったほうがいいと思います。被災地の行政は、ある意味では災害の復旧・復興の素人なんです。三陸沿岸はこれまで何度も痛い目に遭っているにもかかわらず、数十年単位でみて、職員レベルでみると初体験といっていいと思います。特に初動段階では、それなりの経験を積んだプロが入って、いろいろ指示したほうがスムーズにいきます。そういう専門的な組織体制があった方がいいと思います。

――この一〇年にわたって、現場を調査してこられた記録を学問的に整理・分析することは、学界としての責務ではないかと思います。それは、日本や世界の財産になると思います。

廣田　その通りです。例えば、研究者以外でも、土木部局でものすごく頑張った方や仮設住宅の手配で力を発揮した行政職員、避難所を上手に運営をされた町内会長さんたちなど、様々な場面でいろいろな方が活躍されました。公的な記録集はつくられてはいますが、そのような個人が自分で体験して得た教訓は、実はきちんと記録になっていない部分があります。そういう方々が自分で書くのは大変ですので、むしろ皆さんのような方々が取材して聞き書きをしていただくと良いと思います。もちろん私も含めて研究者は当然やらなければならないでしょう。

――被災から一〇年経って、被災地の人口構成はどう変わり、それは復興に影響を及ぼしていますか。

廣田　年齢別の人口構成を見ると、見かけは高齢者が減っています。津波でたくさん亡くなったからです。しかしその一方で、震災直後に子育て世代や若者世代が大勢転出して抜けているので、被災地によって違いはありますが、相対的に若い世代が被災地以外の地域よりは少ない傾向があります。若手人材がいないということは、当面の人手不足もありますが、今後、被災地の産業の担い手になる世代が少ないということでもあるので、産業の復興にはネックになると思います。

従って、外部から人材を供給しないと、地域の産業の維持・発展は難しくなる可能性があります。

――福島県の飯舘村の例をみると、高齢化が必ずしもマイナスではなく、交流などを通じてかえって移住者を増やしている例もあるようです。

廣田　東日本大震災の被災地にも、震災を契機に被災地とつながった若い人たちはけっこういます。移住までいかなくても、つながりができていますので、それを切らさないようにすることが大事です。拡大コミュニティという形でつないでいければ、いずれそうした人材が産業の担い手としても関わってくると良いパターンになるでしょう。被災がひどかった陸前高田や大槌ほど、震災後に関わった若い人たちがたくさんいます。それがこれからの地域の財産だと思います。

（二〇二一・二・二五）

美しい村の再生を目指して

福島県飯舘村前村長
菅野　典雄

福島県飯舘村の菅野と申します。よろしくお願いいたします。

人間は、バランス感覚、柔軟性、先を読む、感性が必要です。すべてを備えるのは、そう簡単に誰でもができるわけではありません。私もまったく縁遠い人間でありますけれども、それが大切だという思いはもっていましたので、いろいろなところで勉強をさせていただきました。ありとあらゆるところが勉強の場ですが、そのなかの一つに、新聞の広告から学ぶということがありました。ある時、新聞広告を見て、これはすごい発想だなと思ったことが、その後ずっと続いていて、そこから、柔軟性や感性など学ばせていただきました。

こんな広告がありました。「おはなしは、おっぱい」、つまり「お話もおっぱいと同じように栄養になる」というものです。他にもいろいろありました。「**抱きしめるという会話**」、話すことも大切ですが黙って抱きしめるということも会話以上の効果があるということです。「**たいへんよくできました**」という先生の押す印はよくありますが、「**たいへんよくできなくてもいいんです**」という印を押せるくらいの発想の先生がいれば、子どもたちも違った成長をするのではないでしょうか。「**人は一生育つ**」、赤ちゃんからおじいちゃんまで、一生勉強ですよということを言っています。「**人は本読まねばサルになる**」。今の高校生はほとんど本を読まないそうですが、本を読むことがいかに大切かは皆さんもわかると思います。若いお母さんが赤ちゃんの面倒を見ています。一方の写真には、おばあちゃんを息子が面倒を見ています。「愛を注いでくれた人に」「愛で応えたい」、恩をしっかり返すのが、人間の道だということです。これらの広告にすごいなと感じるか感じないかが、いざ有事のときにどのような判断をするかに活きてきます。どうも日本人は、白か黒かを求めがちですが、これからはバランス感覚、柔軟性も必要だと思っています。

ある広告では、女性の大きなお腹と男性の大きなお腹が向き合って写っています。何を言いたいかというと、今日本は少子化対策が大切だということを女性のお腹で、男性の方のお腹は、肥満が増えて医療費がどんどん嵩んでいるという日本の課題を訴えています。「**生年月日を捨てましょう**」は、自分で気を若くもったのに、もう歳だからという発想はやめましょうということです。

私の村でも、けっこう新聞広告を使っています。合併して六〇年のときには、「**六〇歳、村は還暦**」

なる広告を出しました。震災にあって、今まで何とも思っていなかった普通の生活が大切なことだったのがわかりました。そこで、解除になった後、三月一一日を「当たり前をありがたいと思う日」にしようと、広告を出し、これは賞をとりました。

今、コロナで騒がれておりますが、災害は忘れた頃にやってくるのではなくて、忘れないうちにやってきます。原発事故もありましたし、コロナ禍も起きてきました。いざ有事のときに、どういう考え方をもつかはトップにかぎらず大切なことです。あまりにも狭い考え方で考えることなく、バランスと柔軟性をもって判断をしていくことが大切だと思っています。

全村避難に際して

全村避難になったとき、私は、とっさに、放射能のリスクから避難しなければならないけれども、避難生活による生活の変化によるリスクもかなり大きいはずだと思いました。そんな思いがあって、国の方からは一か月で避難しろと言われたのですが、二か月以上かかって、村から一時間以内に人口の九〇％の避難をしました。今では村の中で学校が再開しており、スクールバスなどで、避難先の住居から学校にかなり多くの子どもたちが通っています。避難が始まったとき、危ないからできるだけ遠いところ避難しろということだけを考えれば、今とは違ったかたちになっていただろうと思います。

もう一つは、何とか、ゴーストタウンにしない方法はないだろうかと考えました。例えば特別養護老人ホームは室内だけで仕事が完結しますし、室内だけで頑張っていただいている工場もあります。計測すると、室内の放射線量はそう高くはなく、国の避難の基準である年間二〇ミリシーベルトには至っていません。そこで、国と交渉して、施設や工場を残すことができました。ただし、従業員は避難難先から村の中の事業所に通っています。

国との交渉の仕方についても考えました。実は、私たちは被害者です。加害者は東京電力と国です。当然、私たちは被害者として加害者に厳しい話をせざるをえませんし、しっかりと対応してもらわないと困ると言ってきました。ただ、起きてしまったことですので、声を大にしたからといって、うまくいけばいいのですが、なかなかそういうものではないのではないかとも思います。被害者と加害者の関係を忘れることはできませんが、それを少し脇において、お互いに復興させようという思いから、提案しあってやっていこうと向き合ってきました。その結果、国も応えてくれたと思っています。村からの多くの提案に寄り添っていただいたのではないかと思っています。その半分くらいは、ほかの自治体にも適用されているはずです。

例えば、二重住民票は私から提案したものです。かなりの人がそれは大切だと言っていましたが、残念ながら、税金と選挙権の問題もあってそう簡単な話ではありません。しかし、二重住民票のような考え方をもってもらわないと、安心して村民を避難させられないと訴えました。それにしっかり応えていただいて、結果的に避難した自治体に一人当たり四二〇〇〇円の特別交付税がいくようになりました。村の防犯のため防犯パトロール隊を村でつくりました。村民がお互いにいがみあうようなかたちはいいことではないので、当時の赤羽本部長にお願いして、泊まってはダメなのに泊まる人とパトロール隊を特別宿泊制度として年末年始一週間が許されました。これはその後、ゴールデンウィーク、お盆、その他というふうに拡がっていきます。その他、お互いに話し合えば、国もわからないわけではないと思います。これが、被害者対加害者という対立だけでは、なかなかそうはいかなかったのではないかと思っています。

避難生活の長い一〇年間

毎日のように、忙しい対応をしておりますが、あっという間に一〇年が経ってしまいました。少なくとも、住民の皆さんは避難生活を強いられたわけで、環境も変わり、長い長い一〇年間だったろうと思います。そういう意味からすると、少しでも住民のために、実をとることを最優先してくことが必要だと思い、普通ではできなかったことを、一つでも二つでも住民に与えていくことが、私の役目でした。もちろん、マイナスもたくさんあります。常に先手を打ってきていますので、批判はその都度たくさん受けてきました。しかし、私自身は私利私欲はぜったいもつなというのが、選挙に当選したときの住民の声でしたから、その点では、何といわれようと、住民のためと考え、なんとかここまできたという感じです。

忙しさのなかでも、どうしても忘れがちなことがあるのではないかという気がしています。つまり、私たちも、県も、国も、原子力事故の対応に一番大切なことを忘れる可能性があるのではないか。それは、復興していくことももちろん大切ですが、村のかたちも、地区のかたちも、家庭のかたちも今までとは変わったわけですから、新しいかたちをつくっていくことに精一杯努力をしなければならないということです。

原発は絶対に事故は起きない、安全だといわれてきました。しかし事故は起きてしまった。この大変さは、少なくとも二度とほかの人に経験して欲しくありません。万が一の時にはこれほど危険なものを取り扱っているという危機管理が薄かったのではないでしょうか。そして、私たちが日本の経済を担っているという驕りがなかったろうか。そこだけは、しっかり東電に考え方を直して欲しいといってきました。もう一つは、安全だといわれ、日本中が原子力発電所と放射性物質のことをあまり深く勉強してこなかったという反省もあるでしょう。

その当時、私は、せめて専門家は九〇度くらいの範囲で物事を言ってほしいと思いました。しかし、専門家でさえも一八〇度の意見の違いがありました。われわれ素人はどうすればいいんだと思いました。現実には、あぶないという人も、その人にとっては正しい判断ですし、安全だという人も、その人にとっては正しい判断なのです。つまり、百人百様です。百人百様のなかでものごとを進めていくのは、どれほど大変か。これは、今、コロナ禍で世界中がわかったでしょう。色も形もないものとの闘いです。しかし、進んでいかない限りは、飯館村の未来はありません。

次の世代にバトンタッチ

そのようなことを考えながら、忙しく過ごしてきて、国や東京電力との対応に一生懸命取り組んできたところであります。そこで一番大切にしたのは、二度と起こってほしくない、今回限りの事故にしてほしい、そして、私たちは何を学んで次の世代にバトンタッチしなければならないのかということです。忙しさのなかで、それが、どうも、頭のなか、心のなかに入り込んでこないのではないか。戦後一貫して、イケイケどんどんと、効率を求め、スピーディに物事を進めよう、お金があればたいていのことはできるというふうにきて、その結果、どんどん便利な時代になってきました。自動販売機も膨大な数で二四時間使えますし、コンビニでいつでも買い物ができ、夜中でも明るいところをたくさんつくってきました。まさに、時代が便利になり、間違いなく、これからエネルギーがもっと必要になっていくことでしょう。

そう考えると、いくら自然エネルギーの利用という大きな流れがあったとしても、なかなかそれだけでことが済むということではないでしょう。原発事故から学ぶところは、一言でいえば、成長社会だけが日本を救う道ではなくて、成熟社会の中でどう成長していくか、あるいは少し後退するということも仕方がないという、バランス感覚、柔軟性をもっていくことではないでしょうか。次の世代により安全な日本をどうバトンタッチしていくのかが学ぶべきことではないかと思います。

「多く持っていない人が貧しいのではなくて、多く欲しがる人が貧しいのだ」という諺があります。

「年寄りが犯した罪の罰を子どもたちが受ける」という諺も。決してわれわれが罪をつくったわけではいないのですが、次の世代にもっといい世の中をというように頑張ってきた結果が現代の姿ですが、やはりどこか欠けているところがあったのかもしれません。特に政治家がそういう考え方をもたないと、ますます危ない国を次の世代にバトンタッチすることになるのではないか。五木寛之氏は『下山思想』で、もう日本は頂上に登り切っているのではないか、登山をして頂上にあるから成功ということではない、安全に下山をしてはじめて成功したといえる、そろそろ日本は下山の時代で、もっとゆっくり、足元をみて、景色を見ながら下ってくるのが大切だと言っています。稲森和夫氏は、『近代文明はなぜ滅びたのか』を著しています。コラムニストの天野祐吉氏は、「日本の国よ別嬪の国になれ」、こんなことを言っています。「別嬪の国」というのは、別嬪とは今では美人のことを言いますが、ほんとうはそうではなかったと言います。別嬪というのは、顔はそんなに美人ではないけれども、心配りや優しい、笑顔がいいということを指し、「別品」ということだそうです。金で世界を支配するのではなく、尊敬される日本になるべきだと言っています。

しかし今の日本は、そのような形になってはいなません。コロナ禍で新しい生活をということがいわれていますが、それが果たしてどこまで行き着くのか。一方で、オンラインやＩＴの活用だけになってしまって、本来の、人間の心と心のつながり、きずなが要らないとなってはいけないのではないでしょうか。いつの時代も、バランス感覚、柔軟性を常にもっていないと、極端な言葉に酔いしれてはいけないのではないかと思っています。

復興に向けての心づもり

原発事故で全村避難になって、今、五三〇〇人くらいの住民票のなかで一五〇〇人ほどが戻ってきています。幸い、避難解除とともに、移住定住交流に力を入れてきましたので、一一三〇〜一五〇人くらいのほかからの移住者にきていただいています。

当事者ですから、当事者中心に物事を考えることは仕方のないことです。私たちは被害者で、こんな大変な思いをさせられている。これはまったくその通りですが、いつまでもそのようにいくわけではないということも、一方では考えなくてはなりません。そこで、宮城県などは津波によってたいへんな被害を受けています。私も何度か大川小学校に足を運びました。大川小学校の前に立てば、言葉が出てきません。あの強固なコンクリートの校舎が瓦礫と化しているのですから、小学生の体などは飲み込んでいかれます。でも、何とかならなかったのか、という思いでそこに立ちました。

そう考えると、いろいろな新聞の記事にも目が行くようになりました。例えば、四歳の女の子がお父さんとお母さん、妹がすべて津波で流され、一人残されました。その子が「ママに生きているといいね。お元気ですか」という字を書いて、疲れてしまって寝ている写真が新聞に出ました。震災遺児は一五三一人だそうです。この写真に、美智子妃殿下が心を痛まれ、こんな歌を詠まれました。「生きているといいね。ママお元気ですか。ふみにうなかぶし　おさなじ眠る」。また、こんな新聞記事も「生きていて　名前を呼ぶ　三人の子の姿を求めて」。子ども三人が全員津波で流されて、お父さんとお母さんが、大川小学校の壊れた校舎の前で、三人の子どもの名前を呼んでいる記事でした。

　こんなこともありました。政府の追悼式で、宮城県の大学生が、中学三年生のとき津波に遭ったそうで、彼女が話したのは、

「濁流に飲まれ、気が付くと瓦礫の上だった。足元から低い声が聞こえてきた。釘や木が刺さり、足は折れ、変わり果てた母の姿があった。瓦礫を除けようと頑張りましたが、私の一人ではどうにもならないほどの重さ、大きさ。母のことを助けたいけど、ここにいたら私も流されて死んでしまう。行かないでという母に、私は、ありがとう、大好きだよと伝え、近くにあった小学校へ泳いで渡り、一夜を明かしました」。

　声を震わせながら朗読していました。たぶん、この女性に、多くの人が、それでよかったんだと

言ってくれるはずです。しかし、生きている母が助けてくれというのを振り切ったのですから、一生、心に傷、重い荷を背負って、彼女は生きていくのでしょう。そういう人も世の中にはいるということです。そう思えば、原発事故もたいへんな災害ですが、まだまだ頑張れる余地があるのではないか。そう思います。

そんな目で、新聞などを見ていますと、まだまだいろいろなことがあるという気がします。大阪の夕刊に出てセンセーションを巻き起こしたのですが、交通事故あるいは病気で発声に障害がある方が、「私の願い」という一文を書きました。先生やお母さんに文字盤を指で指しながら、ちょっとずつ文ができあがっていく。「一番つらいのはしゃべれないこと。神様が一日だけ魔法をかけてしゃべれるようにしてくれたら、家族といっぱいおしゃべりしたい。学校から帰って、お母さんに「私、しゃべれるよ」と言ったら、びっくりして腰を抜かすかな。お父さんとお兄さんに電話して、「早く帰ってきてね」と言うと、二人とも飛んで帰って来るかな。家族みんなでゲームをしながら、おしゃべりしたい。魔法が解ける前に、家族みんなに「お休み」と言う。「それで十分」そういう方も、しっかり前を向いて生きているということです。そう考えると、原発事故は大変なことですが、まだまだそういう人もいますので、これから、しっかり復興に向かっていかなければなりません。そういう考え方を心の中に入れていくことも大切だと、原発事故に遭って強く思いました。

飯舘村は、「までいライフ」を掲げてきました。「までい」とは方言で、例えば「までいに子ども育てないと後で苦労する」「までいにご飯を食べなさい」というふうに使われます。ただの方言だと思っていましたが、そうではなくて、辞書にありました。真の手で「真手」あるいは全部の手で「全手」とされます。左右揃った手、両手ということから、「丁寧に」、「手間暇をかけて」、「つつましく」、「心を込めて」もったいない、というような意味をもたせます。日本人特有の心のもちようです。までいライフを進めることは、小さな村の生き残り策だと思ってきましたが、この原発事故に遭ってみると、日本の二〇年先、三〇年先のありようが「までいライフ」ではないのかと思うようになりました。そうでないと、もっと危ない日本を次の世代に渡すことになるのではないかと思います。

たいへんな思いはこれからも続きます。でも、悪いことしかなかったのかというと、普通ではありえなかったこともあったのではないか。天皇陛下と皇后陛下、秋篠宮両殿下、常陸宮様などが、わが村を訪ねてくださいました。震災がなかったら、そうしたことはありえないことです。そのほか、いろいろな人たちに応援をいただきました。それも震災の裏返しです。そのように、一方だけに夢中にならずに、他方のことも考えたうえで、当面の課題にしっかりと向かっていくという考え方。それが、飯館村の今までの考え方です。

心のもちかたが世界を変える

お金さえあれば何でも解決できる、こう思って、日本は進んできました。その通り、あっという間に、世界に類を見ないスピードで、世界で二番目の豊かな国になりました。しかし、すでに転換期を過ぎ、やはり、お金だけではなくて心、あるいは「お互い様」、人と人の関わり合い、原発事故ではよく絆（きずな）という言葉がいわれましたが、そういうこともこれからは強めていかなければならなりません。そういうことを肝に銘じていかなければいけないのではないか。

しかし、最近はずいぶん変わってきてしまいました。一年間に、少なくとも、八〇人以上の子どもが親に殺されています。いったいどうしてこのようになってしまったのか。いろいろな要因があると思いますが、基本的に、お金があれば心も文化もすべて解決できるという一面的な考えできてしまったからではないでしょうか。それは次の例からもわかります。一つは、こんな話があるそうです。若いお母さんが、夏の暑い盛りに、小さな子供を連れて買い物に行くときに、ちょうど水道工事をしている人たちを見ました。あるお母さんは、「よく見ていなさい。この暑い中一生懸命汗を流して働いてくれる人がいるから、私たちは美味しい水が飲めるのよ。ありがとうと言おうね」別のお母さんと子供は、「よく見ていなさい。一生懸命勉強しないとこういう仕事をせざるをえないから、もっと勉強しなさい」。こんなお母さんが少なくないのではないでしょうか。

もう一つは、赤ちゃんを抱いていたお母さんが、電車に乗っていたら急ブレーキがかかったときの話です。窓際に子どもの頭を打ちつけてしまいました。子どもは泣きました。周りの乗客は、どのように子どもをあやすかが気になりました。大方の乗客は、窓枠が悪いのだから、お母さんが窓枠を叩いてあげるだろうと思っていました。ところが「あなたも痛かったでしょうが、この窓枠も痛かったはず。撫でてあげましょうね。あなたも撫でてあげる」と言いました。

「それは娘だった」という記事が新聞に出ていました。娘と待ち合わせをした駅でのこと。改札口の待合で本を読んでいて、そろそろかなと思って見上げると、白い杖を突いた方が階段がわからず、危ない姿でした。危ないと思って近づいていくと、私よりも先に階段を駆け上がってその人を支えてくれた人がいて、それが娘だった。うれしかった。慈しんで育てた娘が、今、私と同じ思いを他の方にもってくれている。今でも、そのことを想うと、幸せな涙があふれる。これまで生きてきた、一番の宝物です。人間として、そういう心持ちをもつことが、原発事故から私たちが学んでいくことではなかと思っています。

原発事故から何を学ぶのか

次の新聞記事は何回か掲載されました。「地球が二つ必要です」と。そして今の生活を続けていくと、二〇三〇年には、地球が二つ必要になるといわれます。地球は一つしかありませんから、地球が一つで間に合う暮らし方をしていきませんか。これが、原発事故から学ぶことだというのです。こういう広告が何度も出ていました。気づいた方がどれだけいるでしょうか。こういうものに気付く心をもたないといけないと思います。一つしかないのだから、それに間に合う暮らし方をしていきませんか。今、環境問題が騒がれていますが、やっとそういう問題が日の目を見つつあるようです。もう一度、地球は一つしかないということを考えてみたい。グレタさんが世界中で講演をして、私たち大人をうならせていますが、そういう時代なのです。

「いい国をつくろう何度でも」という新聞広告もありました。この背景は、太平洋戦争終結時に、アメリカのマッカーサー元帥がパイプをくわえて飛行機のタラップを降りてくる写真です。ここから、今の日本が始まったのです。この原発事故から、もう一度このいい国をつくっていこうという意味でしょう。何度でもつくれるはずだということです。たいしたことはできませんが、こういうことに気づいていくことが大事です。

日本丸はそう簡単に舵は切れませんが、一年あるいは二年かかって、少しでも方向性が変われば、一〇年、二〇年経てば、少し変わっていくのではないかと思います。そうでなければ、私たちの今の大変さは、無駄花で終わってしまいます。それでは悔しいと思います。

（かんの　のりお）

〈質　疑〉

――飯舘村がほかの被災市町村と比べて、帰還者が多いなどの特徴をみせているのは、以前からの「までいライフ」など特徴的な村づくりがあったからなのでしょうか。

菅野　飯舘村では帰還の数値目標は持っていません。村から一時間以内に避難所があったので、日中は村に来ているという方がかなりおりました。それぞれがいろいろな事情で長い間そこに居住しているわけで、目標値を高く持つということになると、その人たちにプレッシャーをかけることになります。その代わり、少しでも良い環境をつくるための努力は惜しまないということです。マスコミからは、「そういう首長、他にはいませんね」と言われました。帰還率いかんにかかわらず、今は、一二〇人くらいの子どもが村の学校とこども園に通っていますが、その三分の二以上がそれぞれの避難先から通っています。一時間以内に避難をさせたということで、今の飯舘村があると思っています。

実はあの時、政府からは、長野県に五〇〇、岐阜県に六〇〇といったように避難先が提案されました。ありがたいのですが、お断りしました。村に戻って来て、直ちに職員に、一時間以内の所で避難先を探すように指示しました。それが、後々につながっています。その間、課題が山積みでしたから、その都度、各行政区の皆さん方と本音の話し合いをしました。それが、後の取り組みに活きてきてます。

もちろん、「までいライフ運動」をやっていたということもありますが、戻って来る人が多いのは、避難の仕方が大きく影響したと思います。車で一時間以内に、九〇%強が避難しました。とっさに考えたことは、避難によって仕事が途切れることが少しでも少ないように、通勤時間を少し伸ばすことで同じ仕事場で働ける方もいるのではないか、学校も転校しないですみます。一七〇〇世帯が三二〇〇世帯になりました。つまり、バラバラになったということですが、それでも、一か月に一度くらいは孫たちの顔を見たいでしょう。それで行き来ができる距離を考えたのです。これが危険だということで、できるだけ遠くへということにしていたら、おそらく、今のような状況は生まれてはきません。

――農業については、どのように再構築していくつもりなのでしょうか。

菅野　飯舘村は農業の村ですから、大打撃を受けました。特に、除染は、除染をしなければ帰還はできないので、ほとんどの農地は除染をしていただきました。除染は、表土を五㌢剥ぐことで、線量を下げることですので、フレキシブルコンテナバックの数は最大で二七〇万個になりました。まず、それによって土そのものが痩せたものになりました。また、一〇年間使わなかったので、水路などは使えなくなった部分もありました。帰宅困難区域では、田んぼが荒れてもう山になっている所もあります。非常に課題は多いとは思いますが、幸い、食べ物も検査をしたうえで、道の駅で売れるようになってきていますし、以前から振興していた花を広めていこうということで、かなりの方が花を栽培していただき、畜産をやろうと外から入ってきた方もいます。水路も国の工事でやっていただいています。高齢化が進んでいますので、これからどういうかたちで農地を守っていくかは大きな課題だと思っています。大変だ、大変だと言っていても、何ら解決にはなりませんから、どこかで折り合いをつけながら、少しでも農地を守っていく方策をとっていくつもりです。

今のところ、けっこう花を植えて、耕起をして土の肥沃度を上げることを頑張っている方もいますし、補助事業を使わせていただいて大型機械を入れて、できるだけ省力化をして面積をこなしていこうという地区もあります。今までとは違って、いろいろなパターンがありますが、皆さん方がそれぞれ工夫して、農地を守っていこうということです。以前は、畜産の村として、振興公社がありましたが、その公社が避難中は除染の仕事をやっていましたが、除染も一段落しつつありますので、その後は、農地を守ることに、村の公社が仕事として入っていくこともあると思っています。

いずれにしても、農地はわれわれの基本ですから、しっかり守っていくという考えをもっています。そういう意味では、生きがい農業をやっていて、それが生業（なりわい）農業、新しい農業になっていく、そのように段階的に進めるようにしていければと思います。

――そのように、いわば二本立ての農業を目指すきっかけというのはあったのですか。

菅野　村に戻りたいが、今までのような規模の農業はできそうにない、でも、農業とは切り離せないという方たちに、生きがい農業ということで、村としては、五〇万円までお金を出しますので、ハウスを作って、新鮮な野菜を食べる、あるいは花をつくって生活を楽しんでいただきたいとしました。そうしているうちに、これはいけそうだとなったら、生業に変わることもあり、そうすると売れるところをつくっていかなければなりません。村としては、道の駅をつくって、そこにもっていって売っていただければいい。風評被害もないわけではありませんが、その都度、村の中に、自動で線量を測る機械を約二〇台置いていますので、それらを活用してもらう。公の検査をパスすれば、道の駅でも売れるというかたちです。かなりの人たちが、そこで頑張りを見せています。そんなかたちで、良いかたちで循環していると思います。ただ、いつまでも補助金などに甘えていてはいけませんので、いつかは自主自立しなければなりません。そういう考えを持たせながら、制度をうまく使っていく、その辺がバランスだと思っています。

――農業の人材育成はどうしていますか。新たな地域づくりに向けて、外部の人たちとの連携についてはどうお考えですか。

菅野　帰還した方に年配の方が多いのは確かですが、移住して来る方はどちらかといえば若い方が多いようです。間違いなく、流れとしては、お金だけではなく自分のやりがいを大事にする方が来ています。飯舘村は解除するとすぐに、定住移住対策室をつくりました。正直、最初私は、年間二人か三人がいいところだと思っていて、それでも大切な人だと思っていました。しかし、四年間に百数十人が来ました。小さな子供まで連れてきている方もいますので、その方たちの頑張りや考え方に、今までの人たちも引きずられたり、励まされたりしています。地域おこし協力隊も、五人くらい来ていただいて、新しい動きをつくっていただきました。急激にというわけにはいきませんが、少しずつ動いています。

それは、とりもなおさず、前向きに進むということです。復興という言葉を使うと、どうしても、かなりの方が、元に戻ると考えがちです。でも、もう元には戻らないのですから、新しい村づくりをしていくという発想をしていく必要がある。情報発信をしていくのが大切ではないか。もちろん、被害者としての対応はしてもらわなければなりませんが、被害者だという思いが強いだけではどうでしょうか。そんな簡単ではないと思います。そういう、精神面もひとつの村の売りにしていくことも大切だと思います。

――震災はたいへんですし、原発事故はあってはならないことでしたが、それをきっかけに外とのかかわりができ、それを力に変えてきたということでしょうか。

菅野　ほんとうに、大変な思いを住民の皆さんにはさせています。これからも続くでしょう。しかし、少し考え方を変えると、今までになかったような動きや人、応援があったということも、心の隅におきながら、今の大変さに向き合わないといけない。村の皆さんはそう考える方が多くなっていますので、ありがたいと思っています。

――住民を帰還させることより、もっと補償交渉をするべきだという意見も村内にあったようですが、今はどうなのでしょうか。

菅野　解除され、六年経って、除染も一段落しました。そのとき、解除しようという意見といや帰れないという意見もありました。結果的には解除になってみれば、その後はそうした意見は少なくなったのではないかと思います。

ただ、どんなかたちになっても、形もなく臭いもない放射能に対する認識はそう簡単には変わりません。危ないというのも、その人にとっては正しい判断だろうと思うしかありません。もっとも、大丈夫だという人でも、正しく怖がることは大切です。この一〇年間で、皆さんが心を広く持つようになったのではないかとも思います。

私は、復興のキーワードは、「心のシェア」ではないかと思っています。心を分け合うことが、復興においては大切です。村のかたちも大きく変わりました。行政区も大きく変わってしまった。今まで一〇〇軒で共同作業をしていたのが、二〇～三〇軒くらいになりました。家庭のかたちも変わってきてしまいました。若い方は福島に住み、年配の方は飯館に住むということもあります。どんどん変わっているのですが、これからをどうするかということになると、産業振興や福祉の充実、教育などいろいろありますが、最終的には一人ひとりが心を分け合うという気持ちがないと、なかなか解決できないでしょう。そこがポイントです。

では、具体的にどうなのかといわれると、忸怩たる思いがありますが、それが大切だという思いを持っているのといないのとでは違うと思っています。

（二〇一一・三・一）

ワンチームでひらく水産加工業の未来

山徳平塚水産株式会社社長
平塚　隆一郎

ご紹介いただきました、宮城県の石巻で水産加工業を営んでおります。山徳平塚水産の平塚隆一郎と申します。よろしくお願いします。

私の会社には震災前、三工場と冷蔵庫が一つあったのですが、すべてが全壊でした。もちろん機械も目茶目茶で、二階の部分は流されなかったのですが、水に浸かっていますので、電気系統がやられて使い物になりません。当時、三五名ほどが社内におりましたが、私は海の近くの本社工場にいて、一緒にいた三〇名ほどは全員助かりました。二キロメートルくらい内陸にあった工場は原料処理をしていましたが、そこの責任者が一名亡くなっています。

石巻には当時、水産加工工場が約二〇〇社ありましたが、程度の差はあっても、すべての工場が被災しました。いずれの工場にも原料や商品がかなりあり、停電したので、どんどん腐っていきました。当時約五万トンの魚があったといわれていますが、震災後その処理の仕事がまずありました。だいたい三か月くらい掛かって、工場が動いていないので、三〇〇人くらいの従業員が集まって、毎日、皆で協力して処理をしました。実はこの仕事が、後々大きな経験になりました。一緒にやっていこうという気概が生まれた大事な時間だったと思います。

三か月で傷んだ原料の処理が終わって、これからどうしようかというとき、水産復興会議が立ち上がっていました。私の友人で石巻の異業種の人たちからは、水産加工業は将来展望をつくっているのかと言われましたが、そういう余裕はまだありませんでした。しかし、石巻の基幹産業なのだから、今のうちに将来ビジョンを固めなさいと助言をされました。

さっそく、私と高校の同級生で水産加工会社の社長をしている人に呼び掛けて、若手だけの、将来構想ワーキンググループを立ち上げました。われわれより上の世代の人たちは水産復興会議でも発言力があって声が大きいのですが、若手の声を吸い上げることはあまりできませんでしたので、上の人たちには外れていただいて、当時、五一歳の私たちより若い人しか入れませんでした。人数も一〇人くらいで、話しやすい環境でやっていました。最終的には、市の担当者や県の担当者にも入ってもらいました。市では長期展望・計画を作らなくてはいけないので、年末くらいまでに考えてもらえば、われわれの作ったものを参考意見として取り上げることができると言われました。工場も稼働していませんでしたし、頻繁に集まって、将来構想、例えば共同工場をつくれないかなどと考えたりしました。そうして、二〇一一年の年末までに、われわれ水産業の将来構想をまとめた文書をつくりました。市は参考にしますと言っていたのですが、石巻市の水産課にはあまり詳しい人がいないようで、われわれの構想がほぼそのまま使われ、石巻市の水産長期計画になりました。

再開に向けて試行錯誤

工場を再開するにはあまりにも被害が大きかったので、再開までには二～三年はかかるだろうという思い、すぐに自社生産はできないと覚悟を決めました。そこで、ＯＥＭ生産、さらに言えば、将来的には工場をもたないメーカー（ファブレス・メーカー）になったらいいのではないかという考えもありました。そして、ちょうど当時一緒に活動していた石巻専修大学の先生が前職で八戸の大学にいて八戸に知り合いが多いと聞いたので、山徳ブランドの商品をつくれないかと、八戸のメーカーを紹介してもらいました。結局、サバの味噌煮や生姜煮などの製品を八戸でつくってもらって、それを販売していこうということになりました。すべての商品を八戸で完結したかったのですが、調理済みおでんについては、八戸でつくれる所がありませんでした。そこで今度は、岩手県の一関に行き、こんにゃくメーカーにおでんを製造してもらうことにしました。

ファブレス・メーカー、工場をもたないメーカーになろうということを、当時、私は水産業のアップル化と称していました。ご存じのように、アップル社は中国でアイフォンを組み立てていますが、それはアップル社の中国工場ではなく、アップル社自体はデザインや研究開発に特化しているメーカーで、そういうことが水産業でもできるのではないかと考えました。そうして、八戸や一関で製造してみたのですが、実際には、機械製品とは違って、スペック通りに作っても同じ味にはなりません。結局、同じような原料にみえても、八戸で獲れているサバと石巻のサバでは若干違うし、原料は同じだとしても、工場の設備ラインがまったく同じということはないので、工程は若干のアレンジをしなくてはなりません。作っている人も違うし、水と空気、風土も違います。そういったものは、食に関しては微妙に影響してくるのです。そういうことを経験しました。そうなると、やはり自分でつくらないと、理想の味にはならないと思うようになりました。八戸でつくったものが美味しくないわけではないのですが、われわれがこうしたいという理想の味にはちょっと違っていました。

グループ補助金の申請にあたって

二〇一一年の秋口になると、グループ補助金の話が出てきました。対象になったら、グループを組んでやれ、ということですので、共同工場をつくらなければいけないのかという話だったのですが、どうやら、商工会議所でとりまとめて、実際には、各社にお金がくることになりました。ほとんどの会社は、その補助金があれば再開できるのではないかということになりました。このグループ補助金がなければ、今、一〇〇社ちょっと再開している会社のかなりの数が廃業したかもしれません。従って、重要な補助金でやる気を起こさせて、これがなければ再開しなかった会社は、うちも含めて多かったのではないかと思います。ただ、復興の予算ですので、もともとあった設備を再建できますという内容で、これは後から重荷になってくることも多かったようです。

　しかし、私としては震災前から過剰設備に悩んでいましたし、しかも国内のマーケットだけを考えれば、水産加工業の市場は減少傾向にありました。冷蔵庫を持っていましたが、これを元に戻したら、また生産設備過剰になって価格競争に陥ってしまって苦しむことになるのではないかと考えました。そこでかなり絞り込んだかたちで、補助金の申請を出そうと考えました。

　ちょうど、そう考えていたとき、二〇一一年九月一一日、震災から半年にあたって、ＮＨＫテレビで特集番組がありました。それを観ていたら、奥尻島と神戸からのアドバイスがありました。奥尻島の人も神戸の人も事前に別々に収録していたらしいのですが、二人とも同じことを言っていました。「以前より小さくして再建したほうがいいですよ」と、戻すのは大変なことだから、過剰設備にならないようにするということを勧めていました。私の考えていることは間違いではないんだと感じました。初期投資の部分を補助金で賄ってくれたとしても、ランニングコストには補助金は出ません。工場を大きくすればするほど、ランニングコストがかかって、工場を回すのに、原料を多く買付かなければなりません。自動化を進めたとしても、やはり人も必要になります。

　そういったことを考えれば、得意分野に絞り込んでいったほうがいいのではないかと考え、補助金の申請を出しました。

常温の商品に絞って、一工場だけ再開

　震災前は三工場、一冷蔵庫があったのですが、それらを一工場に集約して、ほかの工場の跡地は、被災して全壊していますので行政で全部解体し更地にしてもらいました。更地になると、土地を買う方がけっこういますので、すべて売却できました。被災の年の決算（七月決算）では、四億円の売上がありましたが、そのうち三億円は焼きちくわや揚げかまぼこなどの練り製品でした。

　そして本業は廃業して、サバの味噌煮や調理済みのおでんなどの惣菜を扱うようにしました。今後成長が望めるのではないかと思われる分野に集中することにしました。冷蔵庫がなく、保管する場所がないので、常温商品として再開することにしました。サバ加工品をつくっている会社は多いですが、ほとんどは冷凍や冷蔵なので、常温なら差別化が図れるのではないかと考えました。そうして、常温の商品に絞って、一工場だけ再開しようと申請しました。

　その時、石巻選出の当時の財務大臣・安住さんから電話がかかってきました。彼は私の高校の二年後輩で、安住さんの兄が私と同級生で、以前から親しい間柄でした。今、石巻の補助金申請をチ

ェックしているんだが、あなたの会社の申請は額があまりにも少ないのではないかということでした。そのとき初めて規模を小さくして申請した会社がほとんどなくて、うち一社だけだったことに気が付きました。まだ締切前で時間があるから申請し直しても大丈夫だと言われたのですが、いやうちは小さく再建するから、それでいいといったら、珍しいですねということになって、そういう人もいるということを、財務省と野田総理（当時）にも話をしておきますと言われました。他の会社は、復興できるものは全部申し込んでいるんだなということに気が付きました。

原料・人手・販路がない三重苦の中で

二〇一三年八月、自社の工場を再開しました。ほかの会社の多くは新築だったようですが、うちはリフォームをして、骨組みは使っています。今、一〇年経って、町には、グループ補助金や他の補助金を使って最新鋭の設備を入れた工場が建ち並んでいます。復興予算は、前の設備を復活させることができるのですが、県の担当者に確認したところ、書類などは流されてなくなっているはずだが、どうやってチェックしたのって聞いたら、固定資産台帳に載っているものはＯＫで、載っていなければ補助金は出ないということでした。例えば、「魚の選別機」と書いてあれば、魚の選別機を買えるわけです。ところが、何年も使ってきていてボロボロになっているような設備も、「魚の選別機」とだけ書いてあれば、最新の魚の選別機を買えます。そうすると、一二〇％の能力に上がってきます。生産能力が震災前より高くなるかたちで設備投資がされることになります。ところが、ハード面はいいとして、魚は年々獲れなくなっていて、原料不足です。特にサンマは大不漁です。

この前、震災一〇年のテレビ番組がありました。石巻の震災前の人口は一七万でしたが、震災で五〇〇〇人近くが亡くなっています。そうして一六万人を切り、年々減って、今では一四万人です。しかも、建設工事に人手がとられるので、水産加工業に人手が不足します。特に若い人が仙台など都会の方へ流出しているので、ますます人手不足になります。休んでいる間に販路も絶たれ、新規開拓が遅れているので、売上も上がりません。原料不足・人手不足・販路がないという、三重苦の状態です。

休んでいる期間が長ければ長いほど販路回復が遅くなって、震災直後早い時期から始めた会社は比較的早く戻していますが、うちは二年以上休んでいますし、五年以上休んでいたところはほとんど販路が回復せず、工場を再開しても一年くらいで倒産した会社をいくつか知っています。うちでも、震災直後から、ＯＥＭで細々とやってきましたが、二年以上休んでいて、しかも、震災前と違った商品をつくって、新しい販路を開拓しなければならないとなると、最初の四年間は工場稼働率が非常に低くて、赤字続きで、やっとここ四年間で黒字化できました。販路回復は予想以上に時間がかかります。

会社を小さくすると言っても、小さくしてこじんまりすれば何とか生き残るというだけでは、企業として成り立たなく、持ちこたえられません。工場の設備や会社の規模を小さくしても、なんとかして成長する戦略をたてられないかということで、私が考えたのが、「チームでやろう」、「ブルーオーシャンに踏み出す」です。他産地に移ったものに同じものをぶつけても、他産地が一〇〇円でつくっているものを九〇円で買ってくださいというのでは、会社としてなりたちません。他にないもの、新商品を開発していこうとしました。それにかけていこうと考えました。

最初つくったのが、「牛タンつくねおでん」という商品です。石巻のほかの加工メーカーがつくっている鶏つくねに牛タンを細かくしたものを練り込んだおでん種にしたものです。この加工メーカーとの出会いは意外なところでした。津波から避難するとき、最後に避難した私と妻が従業員たち全員が避難したことを確認して工場を出ましたが、その時点ですでに二〇分くらい経っていて、逃げ遅れたかたちになってしまいました。道路は渋滞していましたが、私は裏道を通って、なんとか実家に逃げ込んで、津波から逃れました。しかし、違う車で逃げた妻は津波にのまれてしまいました。渋滞している途中で津波が見えたので、車から降りたら津波に流されて、流された先の会社で三日間お世話になったそうです。実は、鶏つくねはそこの会社の製品です。そのご縁で親しくなって、商品をつくることになりました。

もうひとつはラーメンで、サバの塩焼きがのっているものです。サバの中骨から出汁をとり、残った骨も一〇〇〇度以上で焼いて粉にして、麺に練り込みました。地元の石巻でとれた「ゆきちから」という小麦では中力粉で少しコシが足りないので、コシを出すために骨の粉を入れました。麺屋と農家とうちとがコラボレーションした商品です。

飲食店も巻き込んだプロジェクト

被災後、被災地応援の販売会がありましたが、一社だけでは売り場をつくれないので、グループでいろいろな商品を持ち寄って売り場をつくりました。そうして今は、石巻で店を構えています。

石巻うまいもの発信協議会を立ち上げました。大企業に被災地を応援していただいて、復興庁のなかの場でいろいろな企業との接点がもてました。そのなかで、キリンビールから応援していただいたキリンきずなプロジェクトで商品開発をすることになりました。そこで、一二社で、石巻うまいもの発信協議会を立ち上げました。定期的に集まって、各社でつくったものを試食して意見交換をしながら商品開発をしていきました。キリンビールからの支援は三年間でしたので、そこでやめてもよかったのですが、せっかくなので、自力で続けていくことになりました。

次に、石巻うまいもの株式会社を、協議会の一二社のうち一〇社で会社を立ち上げました。石巻うまいものマルシェというアンテナショップをオープンし、その運営会社として立ち上げました。今から四年前のことです。もともと、商品開発をしようとしていたので、一から新しい商品をつくろうと、共通ブランドでつくることになりました。商品開発部会を立ち上げて、「石巻金華茶漬け」をつくりました。高級お茶漬けで、発売三年目の実績では、五〇万食を超えました。最初の五アイテムから増えて、今では一〇アイテムになっています。当初は、一万食も売れればいいと思っていましたが、予想を超えるものでした。一〇アイテムもある商品をつくるのは、地方の中小メーカーではできません。共通ブランドに取り組むと、得意な分野のものをつくれば良い商品ができます。調子に乗って、金華シリーズの第二弾で釜飯をつくりました。さらに、第三弾からは洋風のものとして、カレー、パスタソース、パエリア、ピラフを予定しています。

共通ブランドとは言っても、グループの中には設備がないところもあります。食品製造の機械は、数千万円もするものは普通ですから、一社で設備投資をするには負担が大きく、なかなか足並みをそろえるのは難しいです。そうはいっても、共同工場を運営するのは難しいので、新たな設備投資をせずに、既存の設備を融通し合えば、共同工場と同じことだと考えました。建物としての共同工場はありませんが、設備を融通し合って、地域全体が共同工場のように運営できれば、共同工場と同じことです。「バーチャル共同工場」がこうして生まれました。昨年、復興庁の補助金を申請する場合、新規性が求められたものですから、そうしたネーミングをつけました。例えば、うちのレトルトの機械で、チームの中でレトルト機械がない会社から請け負ってレトルトを製造します。設備機械については、各社で情報共有しています。うちの会社に注文が集中した際、うちが請け負ったレトルト製造をほかの会社のレトルト機械でつくってもらうこともしています。一般的にレトルトの加熱条件は企業秘密ですが、それをオープンにして作業をやってもらっています。

　販路開拓もチームでおこなえば、各社の得意な販路にグループの商品を販売できるので、非常に効率が良くなります。一〇社で組めば販路も一〇倍になりますし、営業マンが一〇倍になるわけです。その意味でも、チームのメリットが出てきます。しかし、営業先でうちのチームは一〇アイテムありますといったとき、営業先は五アイテムしか扱えないとなった場合、必ずしもチーム内すべての会社の商品が選ばれないということもあります。

　ほかにもいろいろなチームがあり、石巻おでんプロジェクトは、三年前から石巻おでんをＰＲするためにおこなっています。幾人かの芸能人の方に石巻おでん大使になっていただいています。石巻にはもともとおでんを食べる文化があまりなかったのですが、今では会員企業が一〇〇社くらいになって、われわれのようなメーカーのほかに、地元の飲食店も巻き込み、四〇社程度は飲食店です。メーカーだけのつながりだけではなく、飲食店も巻き込んだプロジェクトになっています。

（ひらつか　りゅういちろう）

〈質　疑〉

―― グループ補助金を使って再建した企業のなかには倒産した会社もあるようですが、うまいもの発信協議会とうまいもの株式会社のメンバーは同じなのでしょうか。

平塚　まったく同じではありません。グループ補助金でいうグループは、商工会議所で水産業界全部をひとまとめにしたもので、申請を一緒に出しただけです。単に手続き上のグループです。実質的には、国からお金が個々の会社に出ます。補助率は四分の三ですが、残りの四分の一は自己負担ということになります。ただし、実際には自己負担は四分の一以上になっています。

例えば、補助金を一億円申請したとすると、七五〇〇万円の補助金をもらって二五〇〇万円を自己資金でということになるのですが、申請したら一年間のうちに皆が一斉に建設を始めるので、資材や重機のレンタル料が高騰します。そうして費用は嵩むわけですが、それを高度化スキームという無利子の融資を利用して手当てします。これも国のお金ですが、多くが無利子で二〇年のローン、五年間据え置きで借りられます。もっとも、その返済が滞っている会社は少なくなく、繰延べをしてもらう会社もあります。

―― 石巻漁業将来構想はどのような内容だったのですか。構想は現在の姿と異なっているのでしょうか。

平塚　将来構想はおおまかに言うと、新しいことをやりましょうということです。石巻は原料の供給基地の性格でしたので、新しいマーケット、例えば輸出しようという構想もあります。そのために、ＨＡＣＣＰに合致するように、魚市場を高度衛生化することを掲げましたが、それはもう実現しています。

また、個人向けの商品もつくっていこうということで、われわれがチームで取り組んでいます。どこまで実現できたかはわかりませんが、未だに原料供給基地であることに変わりはありません。

――県の水産高校と連携した取り組みはなかったのでしょうか。

平塚　震災直後、水産高校の先生と話をしたときに、就職状況はよいのですが、石巻の水産加工業にはひとりも就職していないということを聞きました。今の水産加工工場は最新鋭の機器が入っていて、震災前とは違う。働きやすくなっているので、インターンシップで経験してもらったらという話をしました。うちの会社でも今年、震災後初めて高卒をとろうとしたのですが、石巻からは一人も来ませんでした。ただ、前よりは漁師に対するイメージは良くなっていて、高校二年生にアンケートをとったら、漁師になりたいという答えがけっこうあったそうです。しかし、実際にその生徒たちが来るかと言えば、そうはならないと思います。

――異なる企業がチームを組んで取り組む際、どんなことに気を使いますか。

平塚　同業の企業が協働を進めることは難しいと思います。宮城県の加工研究会で郷土ブランドを立ち上げたかったのですが、メンバーに同業種が多くライバル会社が入っているので、うまくいきません。たとえば気仙沼では、カツオ・サバの会社が多くあるのでうまくいかない。一方、石巻は魚種も多く、加工メーカーの種類も多いので、一緒にできます。石巻は原料基地ではあるもののブランド力がなかったことが却って功を奏したのかもしれません。また、五～六年も一緒にやっていると、仕事以外にもプライベートでも親しくなるので、気心がわかるようになります。そこまでいけば、企業秘密のような事柄でもオープンにしていくことができます。岩手県では、行政が旗を振ってチームを組もうとしていますが、かなり親しくならないとうまくいかないのではないかと思います。毎日、瓦礫の片付けや腐った魚の処理を一緒にやってくると、人柄もわかってきます。

――惣菜など新たな商品を開発して販路も開拓してきたのですが、震災前の取引先との関係はどうですか。

平塚　残念ながら、震災前の取引先との関係はあまりなくなりました。震災前の取引先はスーパーが多かったのですが、今でも付き合いはあるものの、商品を持っていくと価格が折り合わないことが多い。現在の取引先のほとんどは、震災後に開拓したところです。以前の取引先は、すでに別の産地が入っていて、例えばおでんでいうと、うちのは四〇〇円くらいですが、スーパーでは二〇〇円くらいで売ります。これでは、商談に行っても無理でしょうし、それを無理に取り返してもしょうがない。

――将来、事業を統合して生産部門をまとめてしまうという考えはありますか。

平塚　そこまでは、考えていません。違う会社で、その都度、有機的に結合したほうがいいと思います。同じ商品を未来永劫売れ続けることはないでしょう。昔と違って、商品のライフサイクルが短くなっているので、身軽になっておく必要があると思います。商品が違えば、組合せも変わってくる、そのほうが柔軟に対応できます。

――グループ補助金は、本来個人の資産に税金を投入できないのを、地域全体を支えるという理由で特例として実施されています。したがって企業の利益だけでなく、雇用や取引先の関係維持が優先されるべきではなかったでしょうか。

平塚　たしかにその通りかもしれません。雇用としては、三〇人ほどの人間が半分くらいになりました。ただ、売上でいうと、一億円弱だったのが二億円くらいまでになっていますので、雇用を今年は三人くらい増やしています。これから徐々に増やしていくところです。人口自体が減っているので三十数人で稼働する会社をつくったなら、人が集められずにフル稼働できない状況になっていたと思います。

（二〇二一・三・八）

農林予算概算要求のポイント

日本農業新聞　仁木　隼人

農水省がまとめた二〇二二年度予算概算要求は、二一年度当初予算比一六・四％増の総額二兆六八四二億円となった。焦点となる二二年産米の需給安定に向けた転作助成の予算は、二一年産と同規模を要求。五月に策定した「みどりの食料システム戦略」の推進や、年内に見直しを具体化する人・農地施策の関連事業を柱とした。

◇◆転作助成　二一年産と同規模確保◆◇

米の転作助成金に当たる水田活用の直接支払交付金には新たに「水田リノベーション助成」を創設し、三三二〇億円を要求した。二一年度予算では三〇五〇億円。これに、二〇年度第三次補正予算で二九〇億円を計上した水田リノベ事業のうち、転作助成に充てた二七〇億円を合計すると三三二〇億円で、同規模となる。

水田リノベ助成の詳細設計はこれからだが、水田リノベ事業と「同じ考え方」（同省）の措置とする方針。水田リノベ事業では、実需と事前契約した上で加工用米や麦・大豆などに転換した際に、一〇アール当たり四万円を助成した。

飼料用米に同最大一〇・五万円などを支払う同交付金の戦略作物助成は、従来の内容を維持する。一方、県段階などで使途を決める産地交付金では、環境負荷低減に向けた政策方針「みどり戦略」を踏まえ、レンゲなど地力増進作物の作付けに新たにてこ入れする。

産地の長期計画的な販売を支援する「米穀周年供給・需要拡大支援事業」には、二一年度予算額と同じ五〇億円を計上した。

◇◆みどり戦略推進へ一〇〇億円新事業◆◇

政府の全体方針として、二二年度予算編成で重点配分の対象となったのが脱炭素化。これを踏まえ農水省は、「みどり戦略」を概算要求の柱に据え、約一〇〇億円の新規事業を盛り込んだ。転作助成など毎年確保すべき予算も多い中、一〇〇億円規模の事業新設は難題で、「他の事業に優先してかき集めた」（同省幹部）。

新設する同戦略実現技術開発・実証事業には六五億円を要求し、スマート農業の現場実証の他、環境負荷低減技術の開発を進める。同様に新設する同戦略推進総合対策には三〇億円を計上。このうちモデル地域づくりを進める同戦略推進交付金は二四億円とし、土づくりや有機農業の団地化・学校給食での利用、工場の廃熱を利用した園芸施設など、地域のビジョン・計画に基づく取り組みを幅広く支援する。有機農産物の需要喚起や生分解性マルチの普及などには、六億円を充てる。

同省は戦略普及へ、三〇年までに補助金の対象を環境に配慮した取り組みに集中する「政策手法のグリーン化」も進める。具体策として二二年度概算要求では、「強い農業づくり総合支援交付金」で、堆肥の製造施設や有機農産物向けの選果施設などの導入を推進する優先して補助する予算枠を設けるなどした。

◇◆人農地施策、新規就農支援焦点に◆◇

人口減少が進む中でも農地の適切な利用や農業者を確保しようと、政府・与党が年内に具体化する人・農地関連施策の見直しを見据えた要求も柱とした。

地域の農地利用の将来像を盛り込む「人・農地プラン」の策定推進に新たに一一億円を要求。集落の話し合いを促し、農地の持続的な利用が見込まれる人をリスト化し、プランに位置付ける。プランに位置付けられる半農半Xなど多様な経営体を支援する「持続的経営体支援交付金」も新設し、一二〇億円を計上。生産の効率化に取り組む場合、農機・施設導入を支援する。

集落営農の活性化に向けた新規事業には三〇億円を要求した。将来的に中核を担う人材を雇うための賃金や共同利用機械の導入などの経費を補助する。農地中間管理機構（農地バンク）による農地集約には、二一年度予算比六四億円増の一三〇億円を要求。遊休農地を簡易に整備して担い手に集積・集約化する仕組みを新設する。

年末の予算案決定に向けた動向が大きな焦点になるのが、同三一億円増の二三六億円を求めた新規就農者の育成・確保策だ。

独立就農の支援では、農業次世代人材投資事業（経営開始型）を改め、経営開始段階の投資を最大一〇〇〇万円支援する制度を新設。同事業の準備型や農の雇用事業も見直し、就農前の研修生に月最大一三万円を最長二年間助成する事業や、農業法人など雇用元に賃金などの元手となる資金を最長五年間助成する措置も新設する。

同省は見直し後の制度について、国と地方自治体で財源を折半する方向で調整する。現行制度は国が全額負担しているだけに、地方自治体の財政力によって支援に差が出るとの不安が強い。同省は地方の負担軽減へ地方交付税措置を要求する方針で、これが認められるかどうかが焦点となる。

その他、農林水産物・食品の輸出拡大では同八九億円増の一八八億円を要求。生産から輸出までの事業者を束ねる「品目団体」や、輸出産地の支援などを進める。新型コロナウイルス対策として花き農家の家庭・個人需要への転換支援策などを盛り込んだ他、スマート農業の推進には同一八億円増の三二億円を要求した。

（にき　はやと）

農政の焦点

コメ先物本上場不認可の衝撃

会員　熊野　孝文

価格変動のリスクヘッジの場を失う

九月一七日、Ｗｅｂ上で開催された米穀業者の席上取引会。コロナ禍で変化した取引手法の一種だが、この取引会で茨城県の集荷業者が三年産茨城コシヒカリ二等を置場九二〇〇円で売り唱えたところ神奈川県の大手小売が買いに入り即決で成約した。これ以外に八〇〇〇円台の彩のかがやき等も成約するなど三年産米の下げが止まらないままになっている。産地の集荷業者は、集荷したその次の日にはまた相場が下がるという有様で、聞こえて来るのはため息ばかりである。

三年産米はどこまで下がるのか？これは誰にも分からない。ただ言えることは先行きの価格動向がわかる「コメ先物市場」は農水省が本上場不認可の決定を下したことにより半年後には閉鎖され、価格変動のリスクを回避できる市場が無くなるという事実である。その一方で農水省は新たな現物市場を作るための検討会を開始した。コメ先物市場を不認可の決定をしながら新たな現物市場を作るのにどういった意味があるのか？

「驚天動地」政策判断　虚しかった試験上場の一〇年

農水省がコメ先物市場の不認可の決定を大阪堂島商品取引所（以下堂島取）に通知した八月五日は、コメ政策が大きく後退した日として将来記憶されることになるのではないか？筆者の理解では、コメの生産調整は形を変えて継続されているものの、マーケットに向き合った商品として育つように少しずつ改革が進んでいた。だからこそ試験上場とは言え、一〇年間もコメ先物取引が行われ、堂島取も当業者（生産者、集荷業者、流通業者、実需者等）の利便性を図るべく、東京コメ以外に新潟コシ、秋田こまち、宮城ひとめと言った産地銘柄別に取引が出来る商品設計を行って来たのである。

農水省は本上場を不認可とした理由について、「先物市場に参加している当業者の数が第三期から第五期にかけて横ばいであり、当業者の参加意向も増えておらず、当業者の利用が今後拡大できると確認できない。これらをはじめとして試験上場期間の取引の状況を総合的に判断した結果」と述べたが、堂島側は「コメの取引に参加する生産者は試験上場開始の第一期から現在に至るまで一貫して増加している」と反論、取引参加の生産者数の推移を資料で示し、「第一期はわずか二名であったものが、第五期では六六名まで増加、また流通業者も安定した参加者がいるとした。取引口座数については、平成二五年当時は二四八六口座（うち、当業者は九三口座）であったが、現在は三六〇九口座（うち当業者は二四九口座）と大きく増えているとした。さらには、農水省が指摘する当業者の参加が少ないという見方については、建玉ベースで新潟コシの当業者割合は約五割を占めており、他の商品でこれほどまでに当業者割合が多い商品はなく、農水省の指摘は全く当たらない」と強く批判した。

政策判断の透明性求められる　恣意的な判断では市場は逼塞する

なぜ、双方の主張にこまごまと触れたかと言うと、行政判断として「基準」があると言いながら、これまでの判断とは明らかに違う判断で不認可としたからである。

このことは農水省自身が手掛ける現物市場においても同じことが繰り返されるのではないかと危惧してしまう。平たい言葉で言えば「官主導の市場」まともな価格形成の市場が出来ないのではないか。このことは既に一〇年前に閉鎖された価格形成センターの経緯を見ても明らかである。

現物市場の検討会は始まったばかりだが、農水省は検討会開催の趣旨として「コメの生産現場においては、コメの需給実態を表す価格指標として十分な現物市場が存在しておらず、農業団体をはじめ関係者が協力し、様々な用途の需給に応じた価格形成を行う現物市場の創設について具体的に議論していくことが必要とされている。このため、価格形成の公平性・透明性を確保しつつ、米の需給実態を表す価格指標を示す現物市場の創設を検討し、農業者、集荷業者、卸売業者、実需者の経営に資するよう、農林水産省において、関係者が参加する米の現物市場の検討会を設置する」としている。

公平で透明性のある市場とは　現物市場だけでは片肺飛行

現物市場の検討会では①現物市場の開設主体②取引参加者（売り手、買い手の範囲、取引資格信用要件）③取扱商品（用途、年産（新穀、旧穀、事前（先渡し））、産地銘柄品種、栽培方法）等④取引ルール（取引方法、取引単位、売買・受渡方法、決済方法）等⑤市場管理のあり方（取引監視、監督、紛争処理）等⑥開設スケジュール⑦その他の論点（リスクヘッジニーズへの対応）が上がっている。

最後に記されているリスクヘッジのニーズへの対応とはどういう意味なのか？普通に考えれば価格変動のリスクヘッジとは先物市場（先物清算市場）がその役割を果たす。であるからこそ堂島取は「現物市場」と「先物市場」は両輪であるとして公平で透明性ある現物市場の設立を急いでいたのである。今度はその一方を潰しておいて、新たに現物市場を作ろうというのだから政策の整合性を問われても答えようがないのではないか。

（くまの　たかふみ・べいこくしんぶん）

地方記者の眼

西日本豪雨から三年
愛媛県のミカン産地で始まった園地の「再編復旧」

読売新聞松山支局
栢野　ななせ

全国有数のミカン産地として知られる愛媛県の南予地方。三年前の西日本豪雨で大きな打撃を受けたが、若手生産者らによる再生の取り組みが本格化している。被災した園地を元の状態に戻すのではなく、大規模な区画整理で生産性を高め、災害への備えも強める「再編復旧」事業だ。農家の高齢化など地域農業の課題も踏まえ、生まれ変わることを決断した生産者たちは「復興」を超えた未来へ向けて奮闘を続けている。

二〇一八年七月、中国・四国地方を中心に甚大な被害をもたらした西日本豪雨では、同県内でも三日間に五〇〇ミリ超という未曽有の降水量を記録した。園地の崩落が多発した柑橘類を中心に、県内の農業被害は四七五億円に上った。

今年六月上旬の早朝、宇和島市吉田町の玉津地区でミカンを生産する清水実郎さん（三八）は、仲間の若手農家約二〇人と自宅近くの園地に集まった。法花津湾を臨む傾斜地に、さまざまな果樹が植えられている。斜度は最大で四〇度前後、日当たりや水はけの良さは柑橘類の栽培に最適だが、豪雨災害ではその地形があだになった。

清水さんらはチェーンソーを手にして山に入り、青い実の付いた木を次々と根元から切り倒した。区画整理の前に果樹を伐採する必要があるためだ。斜面を転げ落ちた木が谷間に積み重なっていく。二日間に及ぶ作業で、緑の木々に覆われていた景色は一変した。

清水さんは、この山の約二〇アールで樹齢四〇～五〇年の温州ミカンや河内晩柑を育てていた。他の自園地と比べても「一番甘いミカンが作れた」という。幼少時から親について通い、駆け回ったミカン山は「仕事場という以上の存在。別れは残念」と言いながらも、汗を拭いチェーンソーを動かし続けた。

高齢の両親から引き継いで就農

被災する前、この一帯では六〇～七〇歳代を中心に一五人ほどが耕作していた。清水さんは最若手だ。八年前に教員の仕事を辞め、高齢の両親から園地を引き継いで就農した。豪雨に襲われたのは、新品種を育成して収益を上げようと規模を拡大した矢先だった。

地元では、土砂崩れに巻き込まれて亡くなった住民もいる。清水さんは被災した家屋から土砂をかき出すなど復旧作業に追われ、二、三週間たってようやく自分の園地を見に行くことができた。荒れた農道を上って斜面を見下ろし、ぼう然とした。樹木は一面になぎ倒され、地面は乾いた土砂に埋まっていた。作物を運び出す鉄製のモノレールがひしゃげ、エンジンは海へ流されて沖に浮いていた。自然の猛威を目の当たりにし「ミカン作りを続けられるか」と不安に襲われた。

半年後、県や農業団体による復興事業の説明会が開かれた。被災農家の多くは崩落した部分を被災前の状態に戻す「原形復旧」を選んだが、被災していない部分を含めて農地を作り変える再編復旧も選択肢として示された。

複雑な思いのなかで再編を選択

再編復旧は、農地の利用権を中核的な担い手に集める農地中間管理機構事業（農地バンク）の一環だ。玉津地区では計約六・八ヘクタルを対象に、斜度を最大三〇度程度まで緩め、農道や作業道も整備することになった。新たに営農を希望する人への貸し出しを想定して生産性を高め、崩れにくい園地に生まれ変わらせる。

農家は工事費用を負担しなくていいが、営農再開までには一〇年かかる見込み。その期間は減収を補う補償金も出ない。地区内の話し合いでは賛否が分かれ、怒号も飛び交った。高齢の生産者からは「一〇年も待てん」「農家を辞めるしかない」との声が上がった。

最終的には、人命が犠牲になったことも踏まえ「崩れにくい園地づくり」の必要性を認めて合意した。ただ、高齢農家が引退を早め、地区全体で五〇人ほどいた耕作者は三〇人程度に減る見通しだ。

着工直前の六月上旬、再編復旧を機に離農を決めた男性が園地を訪れていた。昨季に最後のミカン作りを終えた後も、水の管理を続けているという。「簡単には手放せない。つい見に来てしまう」。斜面を見渡してつぶやいた。

前を向く、そのまなざしの先に

再編復旧後の生産振興へ向けた取り組みもある。県は、〇五年から開発してきた新種の柑橘「紅プリンセス」を復旧後の園地で栽培してもらうことを検討する。県独自の「紅まどんな」と「甘平」を掛け合わせた最高級品種で、苗木は奇跡的に被災を免れた。若手農家を対象に、紅プリンセスの育成や販売に関するセミナーも開催。来年度には農家らに苗木一万本が配布される予定で、二五年度からの本格販売を目指す。

生産者組織の動きも活発だ。二〇～三〇歳代の若手農家ら一〇人ほどが被災後に設立した株式会社「玉津柑橘倶楽部」が、復旧支援に力を入れる。代替園地を確保して希望する農家とマッチングさせるほか、事業完了から収穫までの期間を少しでも縮めるため事前に苗を育てる「大苗育苗」を各地で実施している。

清水さんは当面、他の園地でミカン作りを続けて生計を立てる。現在はシートで畑を覆って雨水の浸入を防ぎ、必要最低限の水と養分を木の根元に送る「マルドリ」などの新農法を試行錯誤している。コロナ禍が収束すれば、仲間の若手農家と一緒に他県のミカン産地を視察し、さまざまな工夫を学ぶつもりだ。

「未知の園地に変わる不安もあるが、新しい土地でおいしいミカンを作りたいという期待が大きい」と、前を向く清水さん。そのまなざしの先には、緑鮮やかに生まれ変わったふるさとのミカン山が映っている。

（かやの　ななせ・読売新聞松山支局記者）

伐採の進む園地に立つミカン農家の清水実郎さん

編集後記

○…「飼育箱のふたを開けると、しばしばミツバチに刺されます。ミツバチ自身は刺すと死んでしまうそうですが、それでも必死に抵抗し、しばしば刺され痛い思いをします」。五〇〇グラム容器のハチミツを使い切ると電話で注文し、近況をおしゃべり。もう三〇年近い付き合いです。

実は、彼は有機無農薬の柑橘栽培を追求する経営者。園内に巣箱を置き、ミツバチが訪れる花は六万個、飛行距離一万キロメートル。それでもスプーンに一杯分のハチミツ量だそうです。

○…特集は『東日本大震災10年』の復興です。復興庁、岩手大学、福島県飯館村村長、水産会社経営者四人の現場体験にもとづいた提案、提言です。臨場感あふれる緊迫の内容です、じっくり読んでください。

かねがね本書の役割の一つに「記録性」の意義を強く感じています。まさに本号は、その真骨頂です。「あの大震災は何だったのだろうか」。この記録は、後世へのメッセージです。

掲載原稿は編集部と講師間で校閲・確認をします。数日待ちや、夜分にコンビニに走りファックスのやり取り。てんやわんや作業の毎号です。

○…定番の『農政の焦点』は来年度「農林予算概算要求のポイント」と「米作物取引の上場廃止」の二項目。地方に目配りした『地方記者の眼』は再生がテーマで、ナイスキャスティング。

密かに『農業気象台』を楽しむ、実は熱烈読者です。今号も面白い。前菅総理を話の枕に農政談義です。人にはそれぞれに分というものを備えているという話です。

（青）

日本農業の動き No.212
東日本大震災10年
改めて「復興」を問う

定価は裏表紙に表示してあります（送料は実費）。

二〇二一年一〇月二九日発行©

発行 農政ジャーナリストの会
編集 会長 行友 弥
〒100-6826 東京都千代田区大手町一の三の一（JAビル）
電話（03）六二六九-九七七二
FAX（03）六二六九-九七七三

販売 一般社団法人 農山漁村文化協会
〒107-8668 東京都港区赤坂七の六の一
電話（03）三五八五-一一四二

URL：http://www.ruralnet.or.jp/
振替 〇〇一二〇-三-一四四四七八

購読のお申込みは近くの書店か、直接発行・発売元へご連絡下さい。バックナンバーもご利用下さい。

PRINTED IN JAPAN 2021 ISBN978-4-540-21062-4 C0061

耕そう、大地と地域のみらい。
安全と安心を、すべての食卓に。
JAグループは、生産者一人ひとり
と共に、今日も進みつづけます。
この国の豊かな大地と地域の
くらしを、次の世代へ伝えるために。
JAグループ
耕そう、大地と地域のみらい。
安全と安心を、すべての食卓に。
JAグループは、生産者一人ひとり
と共に、今日も進みつづけます。
この国の豊かな大地と地域の
くらしを、次の世代へ伝えるために。
JAグループ